U0095345

文景

Horizon

宋代中国的改革

王安石
及其新政

〔美〕刘子健 — 著　　张钰翰 — 译

上海人民出版社

献给我的父亲刘石荪

（1886—1957）

目　录

刘子健及其《宋代中国的改革》

虞云国

刘子健是 20 世纪驰名国际的宋史学家，他在宋史研究上慧眼卓识，在宋史领域毕生推进国际交流，都为他赢得了不凡的声誉。在他的《中国转向内在：两宋之际的文化内向》（江苏人民出版社，2002 年，赵冬梅译，下称《中国转向内在》）引进近 20 年后，其早期代表作《宋代中国的改革：王安石及其新政》（张钰翰译，下称《宋代中国的改革》）也终于译介面世，这是读书界的幸事。

上篇　刘子健的学术生涯与故国情怀

读其书而不知其人，则不能透彻体悟其书；论其人而不知其事，则不能真正理解其人，故有必要先介绍其学术生涯与故国情怀。

一

刘子健，原籍贵州省贵阳市，1919 年 12 月 19 日生于上海。他在 1936 年入读清华大学，次年 7 月，抗日战争全面爆发，北平沦陷，也许因其身为银行家的父亲是燕京大学历史系教授洪业的挚友，刘子健便转入燕京大学继续学业。洪业兼具导师与父执的双重身份，在学术道路上，对他的熏陶与影响不容低估。1940 年，刘子健获得学士学位，留校担任助理，兼任中国大学讲师。在燕大期间，他与张芝联、齐思和、周一良、瞿同祖、房兆楹、侯仁之、聂崇岐、邓嗣禹、王锺翰、翁独健等或同出洪业门下，或曾经共事。

在此期间，刘子健支持抗日学生运动。1941 年 12 月 8 日，日本向美国宣战。次日，驻扎北平的日本宪兵队占领了燕京大学，以鼓动抗日的罪名，逮捕了在校的刘子健与陆志韦、赵紫宸、洪业、张东荪、侯仁之、姚克荫等教师十余人，将他们投入设在北京大学红楼的宪兵队监狱。被捕之前，刘子健冒险将司徒雷登委托他调查日本占领军实施奴化教育的一大包材料沉入朗润园北小池中。抗战胜利不久，他回忆狱中经历说：

> 带到大办公室，解除口袋内的一切，解除裤带以防自
> 杀，解除戒指以防吞金，立刻分批领下黑暗的地下甬道，走
> 进囚房，再经过搜查，从像狗洞似的小门钻进木笼子。……
> 久禁监中，真易得神经病，更何况两个馒头无法吃饱，背脊
> 发冷，两条线毯，真是"不耐五更寒"。[1]

日本宪兵队这次审讯，"著重学校，学生算参考犯，因此先放"。
但刘子健不久被日本宪兵队再次拘押，受到了严刑拷打。直到
1962年应邀访日，日本学者斯波义信与他在温泉泡澡时，仍能看
到"他的脊背上好几条因鞭打而留下的深长的伤痕"。[2]尽管有如
此遭遇，刘子健在追述这段经历时仍然坚持实事求是的态度，既
不缩小，也不扩大，他在《"蒙难"之后》里说：

> 无论如何，日本宪兵虽然残暴该杀，在大城市中的，还

1 刘子健《"蒙难"之后》，载《燕大双周刊》1945年12月第2期。
2 斯波義信《劉子健教授 人と學問》，载《劉子健博士頌壽紀念宋史研究論
集》，日本同朋舍，1989年。

> 不致无理诬赖，屈打成招后灭口了事。（我第二次被拘，曾
> 被屈打成招，后来证明是屈招，居然能释放。）

"二战"以后在与日本学者的人际往来与学术交流中，他始终坚守
这种客观理性的精神与原则，这是难能可贵的。

抗战胜利后，刘子健回到燕京大学。时值"爱国护权"的
学生运动风起云涌，但分裂成对立两派的学生互相指责。刘子健
有感于此，在报纸上刊发文章，表达了他对人事与学问素所主张
的民主精神与理性态度。他指出，学生运动"怎样才能不分裂
呢，彼此退让，彼此容忍，彼此原谅，彼此能依照民主的方式，
民主的精神来磋商讨论，自然分裂的可能性就比较少了"。他认
为："合理的谈话，应当是交换意见，交换材料。经过这样的谈
话，不但是知识可以增加，见闻可以推广，而且还能吸收旁人的
观点和看法，使自己的脑筋更活泼，思想更细密。"他还认为：
"青年时代，应当是以学习为中心的时代。谈话，无论谈政治与
否，都应当抱着学习的态度。特别是首先要学会学术的风度，研
讨的精神。这样就能有客观的态度。"所以，他提议："主要是要
听人家说的事实是否可靠，讲的理论是否通顺，下的结论是否妥
当。有没有应该或者可以学习的地方。有没有错误应当矫正的地

方。至于这话是那［哪］方说的，是次要问题。"又说："政治的错综复杂，罄竹难书。彼此谈谈，彼此都有启发，都能学习。这就大可满意。马上要结论，看来好像热心，其实是想取巧。如果结论能一说就是一个，那末大学不必开，研究所白花钱，图书馆简直可以换取灯儿了。"[1] 这种态度也始终贯穿在他后来的学术研究中。

与此同时，刘子健在《益世报》上连续发表了系列性专论，包括《论美苏外交的对立：和平究竟有没有保障？》（1946 年 1 月 30 日、31 日）、《回顾美国对华政策：对雅尔达秘密协定的一种认识》（1946 年 2 月 21 日）与《回顾苏联对华政策：对雅尔达秘密协定的一种认识》（1946 年 2 月 22 日），探讨了战后美苏对峙下的世界走向，为这一局势下的中国决策提供了间接的参考。这些专论与他的学术方向密切相关，他最初的学术志趣就是研究"二战"以前的中日外交史。

1946 年，向哲濬率领中国代表团前往远东国际军事法庭审判日本战犯，亟需一位兼通英语和日语的有力助手，刘子健"除了

---

[1]　刘子健《寄青年朋友：客观的态度》，副题《少给人戴帽子，少要结论》，载 1946 年 3 月 19 日天津《大公报》。

讲流利的英、日语外，还懂法语、俄语"[1]，获洪业力荐，出任中国代表团的史料专员。

刘子健大约在当年 4 月赴东京履职，其 5 月已在国内报刊上开设"寄自东京"的专栏可为佐证。5 月下旬至 6 月中旬，他在《大公报》连载四篇《落日的回顾》（1946 年 5 月 28 日、6 月 2 日、6 月 9 日、6 月 12 日），分析与评述了日本从 1931 年 3 月少壮派军人武装政变到 1937 年 7 月卢沟桥事变的六年间是如何走上全面侵华战争不归路的。其后，他在《益世报》上还刊出了《军国日本的末日》（1946 年 6 月 17 日）与《日本帝国的丑史：崩溃前的黑暗与腐化》（1946 年 7 月 6 日），向国内报道了日本军国主义在战争期间的穷兵黩武与黑暗腐化，同时颇具远见卓识地告诫道："以他们建立军国的精神，工业技术、科学知识用在和平方面来，倒真不可以等闲视之。我们千万不要因胜利而骄傲。"

在"寄自东京"的《奇迹的生还》（载 1946 年 7 月 9 日《益世报》）中，刘子健最早向国内揭露了中国被俘劳工在日本秋田县花岗矿山为死里求生而发起暴动的真相，强烈控诉日本战败后仍

1　陈毓贤《洪业传》，北京大学出版社，1996 年，第 151 页。

将参与暴动的十一位中国劳工作为犯人拘押在狱，竟然"比普通日本犯人还要受虐待"，他愤怒地说："笔者真痛恨自己不会写作，这不是最宝贵的题材吗？真的，多少历史，多少小说，多少文学，都在敌人的残暴下淹没了！只有天上的英灵知道他们在人间地狱的苦痛。但他们的残骸遗骨，还不知在哪里，更不会说话。"据柳立言在其《刘子健先生的治学与教学》里说，1946 年 8 月，刘子健与出庭作证的溥仪会晤，溥仪手书"东海妖氛靖，披怀饮千杯"向他致意 [1]；他在《关于远东军事法庭》（载 1946 年 8 月 2 日《益世报》）里向国内介绍了东京审判在法庭内外的斗争。

据刘子健自述，他在赴日两年间"对于过去日本侵略，自日政府旧档中搜获罪证甚多"，以史料专员的身份为东京审判做出了贡献。针对战后美国支持日本复兴的政策，他以自己对中日关系的深度观察，较早呼吁"注视日本复兴"，并在《观察》上刊文阐述了自己的总体观点："日本复兴，对中国不利，但未成威胁，应速谋挽救之方。"他以箸划策，逐一分析了战后国际大形势下中国可能采取的对策：

---

[1]　柳立言《刘子健先生的治学与教学》，载《宋史座谈会成立三十周年学术研讨会文集》，中国文化大学，1994 年，第 3—16 页。

（一）中国自强，对美坚决交涉，目前不大有希望；（二）联苏抗美，仅限于偶一运用（如拒绝放弃和会否决权），似也无希望成立。即能如此，似尚需顾虑美国反更祖日，更便宜日本；（三）事既如此，反对亦难济事。假定能对美妥协，而换得条件，争回一部分对日的权益来，或尚不失为现实下无办法中的一个下策。

以刘子健之见，"在已成立的美日关系中，插进中国去，造成美中日三角的均衡"，这是刻下中国政府"至少应当能够做到的最低限度"。但当时国内民族主义高涨，他的见解竟在国内"大受抨击"，被批为"不符民族利益的论调"。其时刘子健甫抵美国，特地驰函抗辩："若误为祖日亲美，个人甚不能接受"；并举证自白道："我曾两次为日寇拘捕，鳞伤犹在"，"在美发表的稿件，我也力劝美国不可过分祖日，而欺侮中国外交一时的软弱"。[1]

刘子健早想回归学界，遂在1948年春辞职离日，赴美留学。这年，他三十岁，开始了美籍华裔历史学者的学术生涯。

---

[1] 参见梅碧华《论美国扶日政策对中国的祸害》（载《经济周报》1948年第6卷第23期）文前编者按及附刘子健来函。

二

赴美以后，刘子健进入匹兹堡大学历史系攻读博士学位，同时兼任华盛顿大学协理研究员，暑期在远东问题上协助作短期研究。

据刘子健《重印自志》[1]说，由于"1946 年离开中国以前，学的是西洋史和外交史"，故赴美以后仍以现代中日关系为研究对象。1948 年与 1949 年，他分别以英文撰成《东京审判中的史料》与《1937—1938：德国调停中日战争》。1950 年，刘子健以题为《1933—1937 年姑息政策时期的中日外交》的论文获得了匹兹堡大学历史学博士学位（1984 年，他荣获匹兹堡大学授予的优秀校友奖状）。博士毕业后，他担任过耶鲁大学的协理研究员（一说在政治系任讲师一年）；1952 年任匹兹堡大学历史系助教授，1954 年升任副教授。

50 年代初期，刘子健开设的课程，内容应该与现代中国和东亚政治有关。大约此际，他整合匹兹堡大学相关各系的资源，创设了东亚课程，他的短文《评〈历史上封建主义〉一书兼论亚洲社会》

---

[1] 刘子健《重印自志》，载《欧阳修的治学与从政》，新文丰出版公司，1984 年。

（1956 年）与《新课——亚洲各文化导论》（1957 年），或即与东亚课程有关。据 1959 年 9 月 12 日杨联陞致胡适函说："上次谈的在匹兹堡大学设一'胡适中国文化讲座'，蒙您在原则上赞同，子健想必去商洽了。"六天后，杨联陞再次致函胡适："子健这几年不但在学问（尤其是宋史）很努力，在办事方面也很出色，如杨庆堃（社会学）、周舜莘（经济学）都给他拉到匹兹堡，再加上子健夫妇，居然也是一个小中心了。先生如肯假以名义，帮忙不小。子健进行如有眉目必来报告。"[1] 刘子健在匹兹堡大学动议设立"胡适中国文化讲座"，应该与他设想筹建中的匹兹堡大学东亚中心有关。1960 年，该校东亚中心成立，但就在这年，他转赴斯坦福大学应聘副教授。

20 世纪 50 年代，刘子健将研究重心从现代中日关系转向宋史，这一重大抉择有着多方面的因素。

首先，出于史学研究必须排除史家情感干扰的考虑。尽管刘子健的最初学术志趣是现代中日关系研究，且已卓有成果；尽管战后不久他就理性与公允地区分日本军国主义与日本人民，但还是唯恐在研究中掺入个人感情。1962 年，他曾向日本友人祖露心

1　胡适纪念馆编《论学谈诗二十年：胡适杨联陞往来书札》，安徽教育出版社，2001 年，第 440、442 页。

怀："自己在日本占领下的北京度过青年时代，也被宪兵队逮捕过。时至今日，只要一想起抗日战争就激奋得夜不能寐。尽管想搞日中关系研究，怕自己的神经不堪承受，这才决定专治宋代。"[1]刘子健果断终止原先擅长的现代中日关系史，这一考量与陈寅恪有意回避晚清史研究如出一辙。

其次，与 20 世纪 50 年代华裔学者颇难平衡旅居美国的学术环境与无法释怀的家国情怀也是息息相关的。华裔学者在美国研究中国近现代史，主要研究的是中国遭受侵略的那段历史，难免产生超越学术的心理负担，其原因诚如有学者所说："历史专业者，当然不能不顾历史的客观性，一味为自己的国家辩护。然而每一个历史专业者，在分析自己国家和他国的关系时对自己的国家都会有一份自然的历史同情心"，华裔学者的这种研究取向与见解，在美国学术环境中很难获得"同情的回应"[2]。刘子健对这一分析"没有特别不同的意见"，应该也是其为立足美国学术界而放弃现代中日关系研究的因素之一。

再次，受到匹兹堡大学缺少中国研究必备图书的限制。据刘

1　斯波義信《劉子健教授　人と學問》。

2　周明之《刘子健先生传略兼论旅美华裔文史专业者的历程》，载《宋史研究集》35 辑，兰台出版社，2005 年，第 485—505 页。

子健在《两宋史研究汇编·引言》[1]里回忆："最初在的学校，原来没有中文书，慢慢才筹措一点基本书籍。十年后转到规模较大的学校（按：指斯坦福大学），有中日文收藏，可是绝大部分属于近代范围，个人用书还是很不够。近年来任教的大学（按：指普林斯顿大学），才具备研究的条件。所以有很长一段时间都是利用假期长途跋涉，到名列前茅的图书馆去借读。来往匆迫，仿佛走马看花。"当年，其师洪业曾询问他何以放弃原先专长转而改治宋史，刘子健回答："从消极说，学校没书，自己买不了多少。收入少，教完暑校再跑哥伦比亚和哈佛的大图书馆也看不了多少。"久在哈佛供职的洪业是不容易体会这层难处的。华裔美国学者与美国同行专业者竞争时，在中国古代史料的阅读与理解上比起近代史资料来明显占有优势。至于为何改治宋史，而不是其他断代史，刘子健也从客观的图书资料与个人的知识结构诸方面经过诸多权衡。他向洪业推心置腹道："如论唐史，要懂佛经，要熟唐诗，很难。元史要会蒙古文。明清史的书又极多。只有宋史，勉强还拼得了。洪先生编有四十七种宋代传记的索引。宋史全部书目，大体上也不过十倍，四五百种。业余苦读，十年八年，多少会有点

1　刘子健《两宋史研究汇编·引言》，联经出版事业有限公司，1987 年。

眉目。"[1]

当然，之所以改治宋史的根本原因，还是刘子健在通史教学中"发现宋代的确是近代中国定型的时期，很值得从各方面去推究分析"[2]。在转攻宋史的 50 年代前期，刘子健还只能借助暑期，千里驱车到波士顿，利用哈佛大学的藏书。据 1956 年 8 月 1 日《胡适日记》，在普林斯顿图书馆看书的胡适"在馆中陆续见朋友甚多"，包括瞿同祖、周策纵与洪业等；其中也有刘子健，他应该仍是利用暑期特地前往看书的。刘子健当年治学的艰苦状况与执着精神，今人是很难想象的。

获得博士学位后的五六年间，未见刘子健有学术论文发表，这既是其科研沉寂期，也是其学术转型期。战后西方日渐重视中国研究，1955 年，法国史学家白乐日（Etienne Balazs）倡导发起了国际协作研究宋史的宏大计划，刘子健作为其《宋代人物传记》计划的合作者之一也名列其中；次年，他交出了作为样稿的《梅尧臣传》。1957 年，费正清主编的《中国的思想与制度》论文集出版，刘子健的《宋初改革家：范仲淹》与华裔学者杨联陞、瞿同

1　刘子健《重印自志》，载《欧阳修的治学与从政》。
2　同上。

祖、杨庆堃的论文同时入选，说明他的研究已获得美国中国学领军人物的首肯，也标志着他成功完成了学术转型。1959年，刘子健出版了专著《宋代中国的改革：王安石及其新政》，赢得了美国中国学界的普遍好评，一举奠定了他在国际宋史学界的地位。斯坦福大学之所以聘任他，与他的声誉鹊起应有密切的关系。

在斯坦福大学期间，刘子健创立了语言中心（全称"美国各大学中国语文研习所"），一度担任理事会主席。自1965年起，他改任普林斯顿大学历史与东亚研究系教授，在大学部主讲中国文化史，在研究院讲授宋代政治、制度及思想史（直到1988年退休）；其间一度担任东亚课程指导主任，与他人合编有《宋代中国的变化》（1969年）；他还用英文译注了《名公书判清明集》（纽约州立大学出版社，1999年）。1972年至1973年，刘子健兼任美国国家人文科学基金组织高级研究员。他还出任过美国历史学会的提名委员、亚洲学会理事、美国学术联合会中国文化委员会委员、纽约州教育司外国文化研习处顾问委员等学术兼职。

三

刘子健身处的旅美华裔学者圈，以其燕京大学的老师洪业为首，还有萧公权、瞿同祖、杨庆堃、张仲礼、许烺光、杨联陞、何炳棣、余英时等，还包括刘子健的夫人王惠箴（1956 年获匹兹堡大学博士学位，专治中国社会史）。

刘子健赴美不久，世界风云陡变，冷战加剧。他因现实原因而旅居美国，却始终关心中国、热爱中国，更关切中国政治的发展。据王曾瑜回忆，刘子健曾对他说起，"青年时代是国耻时代，自己也险些遭难，所以对《满江红》等歌曲有一种特别的感情"。50 年代初朝鲜战争爆发时，一些在美的中国人希望中共打败，刘子健却希望中共打胜。他说："这不是中共的战争，而是中国人的战争。自己是中国人，当然希望中国打胜。"[1] 终其一生，他始终站在中国人的立场上。

1952 年 8 月 15 日，恰逢日本投降七周年，杨联陞邀集刘子健等在家中餐叙，在座者回忆"故事甚多"，刘子健在杨府纪念册上慨然题诗，序里抚今追昔道：

　　罗斯福逝世消息传来，洪先生于席上有《落花》之作。

1　王曾瑜《哲人日已远——忆刘子健先生》，载《丝毫编》，河北大学出版社，2009 年。

不久胜利，师友亦各事所业。今日来剑桥，适日皇诏降日之纪念，在杨府盛馔后复作叶戏，喟然忆旧。竟未藏拙，聊博一哂也。

其诗云：

> 落花时节又相逢，七载沧桑志未穷。
> 杜老壮游今古恨，方城有友话诗钟。[1]

他以杜甫流亡重逢李龟年为比喻，抒写了客居异邦的故国之思。在中美关系长期断绝的态势下，这种郁积的情思越来越炽烈。

1965 年的一天，何炳棣在芝加哥家中招待刘子健、杨联陞与黄仁宇。饭后，何炳棣唱《霸王别姬》，刘子健唱《四郎探母》，都是慷慨悲歌。杨联陞说："我们为中国的母亲同声一哭！"[2]

1967 年，刘子健前往日本一年，在京都大学做访问学者。当

---

1 杨联陞《哈佛遗墨》（修订本），商务印书馆，2013 年。

2 同上书，第 345 页。

时隔海相望的中国大陆运动正酣，据斯波义信《刘子健教授：其
人与学问》，刘子健把满腔忧思写入《京都志言两首》。其一云：

独游重到洛京边，愈欲吟诗泪竟先。

点点青山思故国，悠悠秋水共长天。

何堪旧雨终分袂，偶有新知且并肩。

日月如梭飘泊度，支离忍性乐耕研。

其二云：

参禅时亦悟天真，寄迹扶桑姑俟春。

少未知书宁谈史，生逢乱世幸全身。

江山契阔诗情在，京洛追随客梦新。

邀月何如先问月，归乡有日举杯频。

他在诗里有感于"生逢乱世幸全身"，以"支离忍性乐耕研"
自道治学甘苦，也颇得"偶有新知且并肩"之乐。但二十年来，
亲旧分袂，江山契阔，落得飘泊寄迹，只能在异国客梦中遥隔长
天而望断悠悠秋水，追忆家国而回望点点青山，内心深处殷切期

盼故国重回新春，自己也能"归乡有日"！

旅美治学期间，刘子健深以为憾的是"独学无侣"。为了弥补这一缺憾，从 60 年代起，他就不懈致力于国际宋史学界的学术交流，展现出卓越的协调能力与非凡的人格魅力。

1963 年，刘子健到访台湾"中央研究院"，经其倡导与协调，邀请姚从吾、蒋复璁、全汉昇、赵铁寒、方豪、屈万里等在南港小聚，发起成立了"宋史座谈会"。其后，他与台湾"中央研究院"的历史语言研究所保持着密切的学术交往；1964 年曾委托"中央研究院"屈万里转请程元敏编集《现存宋人著作书目》。

从 50 年代末至 70 年代初，刘子健多次访问钱穆创办的新亚书院与新亚研究所。1964 年，杨联陞致函钱穆，称赞刘子健"人极能干、热心"[1]。刘子健还受聘为香港中文大学校外委员，在香港史学界也广有人脉。

从 60 年代起，刘子健多次赴东瀛进行学术交流，与日本宋史名家宫崎市定、青山定雄、斯波义信、佐伯富、竺沙雅章、梅原郁与柳田节子等广结学谊。在交往中，斯波义信说他"秉持着尽管憎恨日本军国主义的暴行、却对日本与日本人从不表示敌意的

1　见杨联陞《莲生书简》，商务印书馆，2017 年。

严正而宽仁的态度"[1];他正是以这种理性的姿态充当日本学术的理解者与对话者，也日渐成为国际宋史学术交流的核心人物。

转入普林斯顿大学后，刘子健发起创办了国际宋史研究情报志《宋代研究通讯》（ *Sung Studies Newsletter* ）。1970 年，在他的努力下，这份杂志开始定期发行（1978 年第 14 期起更名为《宋辽金元研究报导》[*Journal of Sung-Yuan Studies*]）。他还受西德国家学术协会之邀做访问学者。总之，在战后国际宋史学界的学术交流中，刘子健不仅是最活跃的著名学者，更是最孚人望的推动者与协调者。

在刘子健的推毂下，1971 年，第二次国际宋史会议在西德慕尼黑举行，这次会议也邀请了日本学者，恰巧全汉昇时在欧洲，作为非正式代表也参加了美、德、日的三边学者会议。刘子健将自己所作的题为《宋史会》的两首旧体感怀诗印发给与会学者。其一云："读史从心欲，千年尚此风（自注：适值宫崎翁古稀大庆）。湖山看不尽，盐酒议无穷（自注：论文题也）。远至如归客，遥游感作东。何时重会友，他地以文逢。"其二云："昔年鹅湖事，今人异国逢。谁知辽夏别，竟识宋金同。泛尔

1　斯波義信《劉子健教授　人と學問》。

得分究（自注：德国会址 Feldafing），思且可互通。浮云天际散，当念屯山中。"他在诗里以鹅湖之会作比，抒写了与学问同道在异国共论中国历史的学谊与友情，凸显出他的旧学修养与文学才情。会议也确实有过"浮云"，"在会后编研究集，意见不同。主编的人不愿意接受日本前辈的论文，（刘）子健抗议，把自己的论文撤掉，不在那里发表，因为这违反原来国际合作的大目标"[1]。

刘子健这种宏阔的视野、包容的胸怀与执着的追求，在国际宋史学界堪称典型而罕有其匹。正如邓广铭所说："子健先生的为学如其为人，为人如其为学，都可用笃厚朴实四字加以概括。因此，他能使得一切受他沾溉的后辈都具有春风化雨的感觉，能使得与他同辈和年岁稍长于他的同道们，也都和青年、中年的同道们一样，为他的这种笃厚朴实的作风所感染，突破了国家、民族、宗教的界限而与他结成知交。"[2]

其弟子戴仁柱回忆刘子健对美国中国学领域年轻学者的无私帮助时如此说道：

1　宋晞《刘子健先生提倡国际间研究宋史的贡献》，载《宋史座谈会成立三十周年学术研讨会文集》，第 19—21 页。
2　邓广铭《前言》，载《劉子健博士頌壽紀念宋史研究論集》。

作为这个国家（按：指美国）里关于中国中古时代历史研究的领军人物，很多年轻的学者都来寻求他的帮助，请求他帮忙修改论文初稿，而他来者不拒，欣然为之。这正是一种社区互动的服务，但这一切都是义务的，因为相关学术机构不会为此给他任何报酬。作为这一领域中非常著名的公众人物，刘先生很慷慨地为与他毫不相干的个人和机构挤出自己的私人时间。[1]

为了方便学术交流与合作，为了补偿独学无侣的缺憾，刘子健的大部分论文都有亲力亲为的中英文不同版本，有的论文则以日文刊行。有研究者指出，刘子健"把他的英文的著作，用中文重写，所以能与中文和日文的宋史界，经由他自己的文字，而不是第三者为他翻译的文字，保持一种平等而良好的交谊"[2]。不言而喻，他终生致力的远大目标，正是突破国家与民族界限的宋史领域的国际性合作。

---

1 戴仁柱《悼念我的恩师刘子健教授》，载《丞相世家：南宋四明史氏家族研究》，中华书局，2014 年，下称《丞相世家》。

2 周明之《刘子健先生传略兼论旅美华裔文史专业者的历程》。

四

赴美以后，刘子健自号半宾居士，并自书联语云："多读多写还多忘，半山半闲枉半宾。"[1] 对"半宾"之号的理解，除了表达去国怀乡的寂寥与感慨外，我更认为：

> 无论是在美国，还是在中国，他都把自己当作客人。但客人对主人家的观察，有时反而会比主人来得理性与客观。当然，作为"半宾"的另一半，也就意味着他对故国仍有半个"主人"的感觉，他身上流淌的，毕竟是炎黄子孙的血。[2]

1971年，尼克松访华，中美关系门隙初开。次年，以物理学家任之恭为团长、林家翘为副团长的美国华裔科学家代表团首访中国大陆，成员包括杨振宁、王浩等名宿，刘子健"自荐为书记"，成为随团来访的"唯一一位人文学者"[3]，终于圆了"归乡有

1　柳立言《刘子健先生的治学与教学》。

2　虞云国《变革之门何时关闭》，《东方早报·上海书评》2009年12月20日。

3　何炳棣《读史阅世六十年》，广西师范大学出版社，2009年，第391页。

日"的宿梦。尽管重返故国，因仍在非常时期，作为科学代表团中唯一的人文学者，刘子健并无可能与学界同行进行正常的学术交流。更令他伤感的是，他确切得知直系亲属在土改运动的往事。周恩来总理接见代表团时，主动向他表示遗憾。但刘子健并未一味纠缠于丧亲之痛，"对故土的热爱，真心诚意地希望促进中国大陆的史学发展，在子健先生的心目中，占有压倒一切的地位"[1]。

1978 年，刘子健再访北京，经有关部门安排才获准首次与大陆宋史学界代表邓广铭会晤。邓广铭说，"据我所知，久居国外的历史学家，第一个回到大陆，把欧美历史学界的各种流派、各种思潮，向我们作了简要介绍的，也正是子健先生"[2]。据刘子健回忆，"那时候，还不能随便谈话，两人就假装湖边散步"，听他说起台湾宋史座谈会，邓广铭"就想同样去做"[3]。这次交谈似乎成为两年后中国宋史研究会成立的契机。刘子健还与邓广铭动议，中美宋元史界联合召开研讨会，返美后他向美国方面极力促成其事，

1　王曾瑜《哲人日已远——忆刘子健先生》。

2　邓广铭《前言》，载《劉子健博士頌壽紀念宋史研究論集》。

3　宋晞《刘子健先生提倡国际间研究宋史的贡献》。

虽然会议讨论的历史时段后来扩展为宋元明清。也在这年晤谈中，两人谈到北京大学成立唐宋研究中心的设想，刘子健次年1月致函邓广铭说："我愿意自告奋勇，做一个'在外友好'，先向美国、德国、日本各研究中心，做铺路的任务，使北大的'唐宋研究中心'立即取得国际的重视、交往和合作，把研究中国史的真正的中心重新在国内树立起来。"

刘子健真诚看好中国的改革开放，1982年9月他热情致函邓广铭说："祖国史学欣欣向荣，我们在海外的，十分鼓舞！"他把对中国史学的关心从台、港地区拓展到大陆，更积极地推进中美史学交流。在这一过程中，他明确表示："我总站在中国人的立场。"

为了让大陆宋史学者尽快接轨国际宋史学界，刘子健着手筹划在香港中文大学举办国际宋史讨论会。1983年6月1日，他在《请香港中文大学筹办国际宋史学会》修订提案里阐明了会议宗旨：

> 宋代兼有复古与创新，其影响远及近代。研究与讨论宋史不但可以促进了解当时的改变，并且可以贯串古今。但是各国学者分处各地，很少机会谈论。因为香港的地点最便利，所以在香港集会，交换研究经验、最近成果和将来研究

的动向和方法，以供青年学人的参考。[1]

有赖于刘子健的发起、联络与斡旋，1984 年 12 月，香港中文大学如期召开国际宋史研讨会。大陆邓广铭等六人，台湾地区宋晞等五人，香港地区全汉昇等六人以及美国刘子健等六人，还有西德、澳大利亚各一人，出席了这次研讨会，大陆学者第一次与台、港地区及美国的宋史学者聚集一堂。刘子健"除了幕后推挽外，为了祛除海峡两岸学者因政治隔阂，造成心理负担，在会前特别到大陆，介绍会议情形"[2]。这次会议的顺利举办，其功莫大焉。

80 年代前半期，刘子健频频往来于大陆、台湾地区与美国之间，他关切中国政治的发展，对改革开放后的中国大陆寄予厚望。这种欢欣之情在 1985 年春节致邓广铭的贺笺中表达得尤其淋漓尽致：

> 勺园借居，远客重游。恍如旧枝新芽，期以古为今用。南门雅集，殊感东道厚谊。香山盛宴，更劳群贤毕至。庆祖国之锐进，老当益壮。幸交流之渐增，久而弥珍。

1　录自宋晞《刘子健先生提倡国际间研究宋史的贡献》。

2　黄宽重《刘子健先生的为人处世》，《宋史座谈会成立三十周年学术研讨会文集》，第 19—21 页。

刘子健推动中外学术交流并不限于宋史领域。1985 年秋，他造访华中师范大学，建议时任校长的章开沅与普林斯顿大学合作进行中国教会大学史研究，因为他曾就读的燕京大学与章开沅曾就读的金陵大学同属教会学校。这一领域在当时的大陆被视为禁区，几乎无人涉足。章开沅经过思量，接受了他的建议，成为大陆教会大学史研究的先行者和开拓者。[1]

1988 年，刘子健从普林斯顿大学退休，次年就是他的古稀寿辰。为了向以学识与人格同时折服国际宋史学界的著名学者表达由衷的敬意，日本学者发起编辑了《刘子健博士颂寿纪念宋史研究论集》，荟萃了包括日本、中国大陆与台港地区以及美国、西欧43 位著名学者的论文。这部颂寿论集以日文、中文与英文三种文字印行，堪称国际宋史界破天荒的盛事。刘子健为弟子保存的这部论集手题谢辞与绝句云[2]：

　　　　四十年来侨居，急流告退；九千里外汉土，学侣音稀。
　　转承京都益友衣川先生古道热肠，辑文志念；还蒙欧亚美

1　参见刘莉《一位充满人格魅力的学者——记著名历史学家章开沅》，载《历史学研究通讯》公众号 2021 年 5 月 29 日。

2　载《丞相世家》，第 283 页。

洲、海峡两岸惠赐鸿篇，蔚然成集。诚鸣谢以无涯，抑吟感而不禁：

> 三洲翰墨并，两岸史文连。
> 巨册无先例，寸心感万千。

在致谢时他重提侨居异邦"学侣音稀"的治史甘苦，祈愿学问跨越国界互相交流。

自古稀那年起，刘子健再未踏上过中国大陆。他晚年心境抑郁，情绪茫然，但仍关心着大陆的未来。1990 年，大陆学者王曾瑜赴美，据其《哲人日已远》追忆，刘子健有时很愿意了解些真实情况。两人告别之际，他感慨道："你走了，从此没有人既同我讨论宋史，又同我谈论国事了！"

除了自号"半宾居士"的阳文印章，刘子健还有一方印章刻着"今盧黑馬"。据其弟子说，"黑""今"合成的"黔"标明他的故乡贵州，"馬""盧"合成的"驴"则自道其择善固执的秉性。一个宋史，一个国事，正是刘子健客居美国四十年择善固执的两件大事。在他那里，不仅宋史研究卓见纷呈，而且推动国际宋史学界交流厥功至伟；不仅对海峡两岸的家国大事罣牵萦怀，在其宋史论著里也寄寓着挥之不去的现实关怀。在这两件大事上，确如其弟子所说："先生为人如斯，为学也如斯。"[1]

下篇　士大夫政治研究的典范之作

刘子健高度评价 11 世纪的改革家王安石，强调他不仅"是中国历史上的杰出人物"，而且"理应在世界历史上占有一席之地"。且看他前一定位的理由：

> 他主持的改革的非传统性质，其施行方式之彻底，以及其涵盖范围之广，几乎前无古人，直到最近一个世纪也没有什么改革可以与之媲美。[2]

关于后一定位，他认为：

> 新政是他对时代挑战的回应，显示出与现代方案惊人的相似性；它们已经成为现代世界的灵感来源之一，不只是对

1　柳立言《刘子健先生的治学与教学》。

2　刘子健《宋代中国的改革》，第 67 页。以下本书引文随文注出页码。

于巨变时期的许多中国人来说，而且超越于中国之外——比如，对于远至美国的剩余农产品政策。（第 63 页 ）

然而，在刘子健看来，无论当时，还是现代，"王安石不能被人完全理解，甚至往往遭受彻底的误解"。他的《宋代中国的改革：王安石及其新政》就试图重新评价王安石及其时代。

一

经过唐宋之际的社会变迁，科举入仕的士大夫官僚彻底取代了门阀出身的贵族官僚，成为君主官僚政体中统治阶层的精英与主体。刘子健对此评价颇高：

> 士大夫统治层是中国制度的特色，世界史上的异彩。用读书人，经过科举选拔的文官，无论有多少缺点，毕竟胜于世袭贵族、割据武人、干政僧侣，或其他任何方式的统治分子。[1]

1　刘子健《两宋史研究汇编·引言》。

宋代官僚政治，说到底就是士大夫政治，对其深入研究自然大有必要。然而刘子健指出：

> 统治阶级中的这一群体，就是中国人所说的"士大夫"。有趣的是，受马克思主义影响的学者斥责他们，传统和现代的中国学者批评他们，但都没有具体分析其政治角色，更谈不上将其知识分子角色从政治中剥离出来独立分析，而忽略这一活跃的历史因素必将使我们错过大段的历史或曰事实。[1]

早在 20 世纪 50 年代，刘子健就将研究视野投向宋代士大夫政治，堪称慧眼独到而首开风气。他研究这一问题时，"中日欧美的史家既有的尝试所给出解释，尚未完全抓住这一问题所具有的现象的综合性"[2]。

对宋代君主官僚政体，刘子健有一个总体把握：第一，"宋代君权，高于前代，同时，士大夫的力量也在生长"[3]。第二，"士

1　刘子健《中国转向内在》，第 11 页。
2　斯波義信《劉子健教授　人と學問》。
3　刘子健《两宋史研究汇编·引言》。

大夫阶层获得前所未有的声望，是宋帝国的辉煌成就之一"；甚至"皇帝必须让渡一部分权力给他们"。第三，但君权强化导致的"专制主义与同一性使得官僚阶层更加顺从"（第 92 页）。刘子健把士大夫政治（包括其权力与地位）放在专制君权的大框架下，去分析与考察两者的互动关系与衍变进程。他的研究绝无其时与其后的同一论题中极端化的两种倾向，即要么是出于意识形态的无情批判，要么是完全以偏概全的无度讴歌。

对这一研究，刘子健原计划只是形成一篇专题论文，结果却远超预期，撰成了一部专著。这部名作批判地融汇了现代中国和日本学者的既有成果，以敏锐独到的问题意识翻上一层，运用了他素所擅长的跨学科研究方法，尤其"用行政学解释新法在实施时的困扰，引起新旧看法的冲突"[1]，在文献解读与问题阐释上，都"达到了批判性人文研究的高标准"（杨联陞语）。

仅以八万字左右的篇幅，完成了笼盖北宋后期士大夫政治全局的宏大研究，刘子健史识之卓荦，行文之简约，令人叹为观止。这主要得益于他从不铺张不必要的细节，为一般读者考虑，还尽量避免使用过度专业性的术语。杨联陞指明这部著作的价值：其

1　刘子健《从研究王安石说起》，载《宋史研究通讯》1988 年第 2 期。

一，"为一项详尽而权威的工作奠定了基础"；其二，"探索出新的研究角度并激发进一步的研究"（《宋代中国的改革》杨序）。柯睿格更推誉道："所有对中国改革运动感兴趣的普通读者甚或专家都应将其作为他们首要的导游。"[1]

二

该书首章概述了王安石生平及其新政。针对学界一般将王安石的改革举措总称为"新法"，刘子健认为，这一概念过度限制了它的意义，由于改革举措远不限于颁布几项新法律，更包括"众多体制性的改革"，故采用"新政"这一更综合性的概括。他将新政划分为变法、反变法与后变法三个时期：从变法启动到宋神宗与王安石君臣相继去世为变法时期，即 1069 年至 1085 年；通常所说的元祐更化为反变法时期，即 1085 年至 1093 年；从宋哲宗亲政到宋徽宗禅位为后变法时期，即 1093 年至 1125 年。

在第二章"阐释的问题"里，刘子健首先回顾了先行的研究。他指出，对后变法时期的谴责不应与对王安石变法时期的偏见搅

1　转引自吴原元《客居美国的民国史家与美国汉学》，学苑出版社，2019 年。

和在一起；只有将王安石及其新政置于时代与宋代各方面发展的
广阔参照系中，才能获得真正的理解。他撰著此书时，宋史研究
主要集中于社会经济与政治体制，在思想领域也往往关注宋代主
流的形而上学与自我修养哲学，相对忽略政治理论，尤其轻视对
北宋颇具影响的功利主义思想的研究。为此，他在研究中着力抉
发了王安石政治理论中的功利主义思想。刘子健认为，既有的研
究都是研究者从"各自所持的特定的政治观点出发来审视王安
石"，对此他持审慎的保留态度。他虽然也承认社会经济趋势对政
治趋势的有力影响，但同时强调："政治趋势有其自身的动力。处
于相同的社会经济背景，甚至在一个特定的思想流派内，士大夫
以不同的政治行为做出回应。"（第 87—88 页）总之，对王安石新
政的再研究与再评价仍有拓展的空间。

其后，刘子健阐明了自己的思路与方法。其研究思路是整合
既有研究中各种兼容性的阐释，借以获取对王安石及其时代的综合
理解；然后建构起自己的阐释框架，结合自身的研究，根据政治思
想、政治行为与政府运作诸层面来分析王安石及其新政；进一步提
出有别于既有认知的再评价，"为更深入的探索建立新的起点"。为
此，他对北宋做出了高屋建瓴的时代性定位：这一时代的中国经历
了非常多的"传统的变化"，而"在这些划时代的变化当中，关键

角色属于士大夫（学者型官僚，scholar-official）或者说官僚阶层。作为学者，他们通过新理论的建构、对儒家经典的新阐释和对儒家传统不同脉络的不同强调，促进了智识的多元化发展"（第 89—90页）。然而，尽管士大夫阶层获得了前所未有的声望与不断增长的权力，但整个君主专制政体未有实质性改变，士大夫官僚的权力只能来自皇帝有限度的让渡，这种权力"和皇帝自身小心维护的终极权力之间，始终存在着紧张的关系"（第 92 页）。由于官僚在政治行为上可以区分为不同的类型，"官僚之间的权力斗争变得越激烈，他们依赖于皇帝支持，其行为被皇帝周围和内廷之人所掌控，由于有意或因环境所迫，从而助长专制主义增强的可能性就越大"（第92 页），新政正是在这种错综复杂的政治动力的推波助澜下启动、演进并走到尽头的。刘子健也在这种动态的全图景中充分发掘出既往研究尚未凸显的王安石新政的新面相。

三

第三章"王安石与北宋的政治思想"集中探讨王安石作为"杰出的思想家"的这一层面，其时代大趋势则是北宋新儒家的崛起。刘子健认为，尽管王安石预设的变法理想归于失败，后变法时期他的追随者更是声名狼藉，到了南宋，王安石思想"几乎作为偏离儒家思想的不合理的分支而被清除"（第 95 页），但在北宋新儒家多元主义的走向中却占有"显著的地位"。王安石将其前已有的功利主义政治理论推向了顶峰，"它首要关注的问题是有关治国之道的紧迫任务：财政政策、经济举措、国防、有效的行政体系以及其他实际问题"（第 96 页）。刘子健强调，"早期新儒学的基调是多元性而非正统性"（第 97 页），其演进经历了三个阶段。初始阶段以胡瑗与孙复为主要代表。发展阶段具有两大特色，一是学术标准的提升和学术综合性的增强，欧阳修堪称"令人震惊的典范"；二是非传统理论的出现，李觏足称典型。冲突阶段在王安石当政时期，"功利主义趋向达到顶峰"的王安石新学与朔学、洛学、蜀学彼此之间互不相容，"其分歧因地域之争、社会经济背景差异和政治迫切性而更加复杂和恶化"（第 100 页）。在要言不烦地概述了北宋新儒学后，刘子健指出，在冲突阶段的四个学派中，"不管他们的政治理论如何冲突，他们中的大多数人都忠于各自的信念，即认为政治原则普遍优先于私人利益的考虑"，"显示出与各自理念一致的值得称道的政治理想主义"。（第 103 页）他将他们归为"理念型官僚"，以区别于那些"仕进型官僚"，后者通常将政治理想"置于私人利益和个人所得之后"。

刘子健进而分析了以王安石为领袖的南方变法派与反对新政的北方保守主义者在政治理论背景上的差异，这种差异可以归结为对儒家经典阐释的三大理论问题。首先，变法派尊重《周礼》，而保守派崇奉《春秋》。其次，基于崇奉经典上的分歧，王安石为首的变法派认为，"相比于道德的自我养成（修己），即个人或内在的个体控制，体制的或从外在对人们道德生活的控制即使不是更重要的话，也是更为有效的"（第 107 页），王安石由此"将政府体制的变革作为首要目标，尽管最终目标仍然是伦理价值可以完全实现的儒家理想的道德社会"（第 107 页）。刘子健据此认定，王安石仍属于儒家传统内的"体制改革者"。而保守派则坚持"通过道德控制政治行为以实现一个理想政府的政治理论"。最后，变法派尊崇《孟子》而将孟子视为复古改制的哲学家与政治家，保守派却质疑《孟子》对儒家传统的离经叛道。除了政治理论的差异，刘子健还提示，在宗教背景上，变法派更多具有"富于怜悯之心和为众生献身的佛教精神"的光谱，保守派却倾向于"反对打乱自然或惯常生活方式的道教精神"（第 113 页）。在社会政治背景上，"变法派来自南方，较晚近才登上政治舞台，看起来明显急于表现，甚至要加强他们刚刚获得的权力"（第 113 页），而保守派"与政府有长期的合作关系，可能更适应既有的官僚行为模式"（第 114 页）。在经济背景上，变法派主要代表了新兴中等地主和这类地主家庭的官员，在土地经济与货币经济上主张"积极的政府参与"；保守派则代表了北方世袭大土地所有者的利益，更多追求"将经济体系主要掌握在地主和商人手中"（第117 页）。

　　接着，刘子健梳理了王安石的政治理论与经济理论。就政治理论而言，在人性、风俗与政府准则的相互关系上，王安石主张人性本身没有善恶，之所以表现出善或恶，与人的感情密不可分；人性的发展与情感的控制很大程度上依赖于风俗，风俗为道德生活实施了必要的制度性控制。王安石重视道德教育及其影响力，强调应该设计并建立对风俗控制的制度建设，唯有这样，政府才能治理好国家。王安石认为，王道在根本上如其道德性一样具有功利性。在法与官僚以及整个官僚体制的关系上，变法派相比保守派儒家学者更注重法律的重要性，尽管如此，他们仍坚持法律不能管理法律自身，其理想主义的政治观念强调必须有一个良好的政府体制，既引导官僚的行为，也形塑民众的行为。在王安石的思想中，官僚体制的进步才是治国的关键，而构成体制的官僚应该"长于阐释经典，善于将经典运用到政府的积极作用中，擅长商讨政策、有突出的行政能力和富于法律知识"（第 128 页）。

针对王安石能否归为法家的争论，刘子健追溯了从变法当时的反对派见解到南宋各家的观点，认为对于王安石经常使用的"法"或"法度"，"更具包容性的'管理体系'（regulatory systems）这一翻译可能更接近王安石的本意"（第 138 页）。

就经济理论而言，王安石建立了自己的经济假设：如果政府采取主动刺激生产力发展的政策，尽管花费超越过去，但民众仍能为自己保留更多的劳动成果；故而推动政府建立可以扩大财政的体制，用以提高财政收入、国家生产力与人民的福利。在土地经济与贸易制度上，王安石仍应被视为重农主义者，但他强烈反对土地所有权的集中与财富聚敛在压榨农民的少数人手中，这也是变法力推青苗法的主要原因。但均输法与市易法，却表明他在经济上力图既增加国家收入，又稳定市场价格，兼具促进扩张而维护稳定的双重目的。这是由于"稳定的价格有利于消费者的利益"，其时不仅国家业已转化为巨大的消费者，像他这样主要依赖薪俸的官僚也是消费者。在论析王安石经济理论之后，刘子健独具慧眼地评价道："他未能发展出具有可操作性的经济理论，以直接处理许多具体的经济活动。"（第 133 页）

对王安石的政治理论与经济理论在变法中的实践，著者有言简意赅的概括：

较之强兵，王安石更赞同富国。而这两者对于王安石的重要性，又不如官僚体制改革，以及官僚体制建立法度以最终改善社会风俗的努力。在实践中，王安石基本上忠于他的理论——我们将之描述为一种理想主义的表现，即希望利用组织有序的官僚体制以实现一个道德社会。（第140—141页）

较之于大陆宋史学界在 20 世纪 80 年代以降仍纠缠于王安石变法的重心究竟是富国还是强兵的争论，这一见解显然高明与深刻得多。

四

第四章"新政与官僚行为"的讨论围绕着王安石的官僚体制改革展开。

王安石的这一改革虽然具有儒家理想主义的追求，现实政治中却是官僚机构庞大而分裂，官僚队伍风气颓靡，许多官僚的行为往往低于儒家标准。刘子健大笔勾勒了变法、反变法与后变法三个不同时期中各派官僚的政治行为，有一段总结性论述：

回顾过去，官僚的政治行为变得越来越糟，越来越远离儒家标准。除了旧有的腐败和政治手腕，任人唯私也加剧了。然而，不能只责怪王安石一人。他的反对者拒绝与他合作，攻击他的所作所为，徇私偏袒，比他更应承担责任。偏袒很快发展成派系斗争，派系斗争从政策冲突堕落到报复性迫害。官僚体制非但没有如王安石所希望的那样得到改革，反而受到了许多弊端的影响，以至于不可避免地只有像蔡京那样，不顾儒家标准地进行密谋的人才能久握权力。官僚体制的堕落，随之而至的即是帝国的崩溃。（第 158 页）

刘子健接着划分了王安石新政中的官僚类型，以此探寻官僚体制彻底堕落的原因究竟何在。他认为，以往出于儒家道德性评判仅将官僚分为君子与小人的两分法，完全不能解释为何以君子为主体的保守派也未能构建良好的行政管理。他运用自定的方法，采用多元的标准，将这一时期的官僚分为三大类型：理念型指具有理想主义的少数士大夫官僚，仕进型指追求仕途的官僚，渎职型指滥用职权的官僚。在这三大类型下，可再细分若干特色类型。在他看来，理念型官僚大致可以归入传统所谓的"君子"，他们"有个人操守，有公认的学术水准，有为崇高理想献身的精神，

有将政治原则置于个人利益之上的坚定信念"（第 161 页）。在王
安石变法时期，理念型官僚又可分为三种类型，即北方保守主义
者（以司马光为领袖的朔党与程颐为首的洛党）、西南温和派（指
苏轼为代表的蜀党）与南方变法派（指王安石及其阵营中的理想
主义者）。在其后的论文中，他也分别以德治型、治术型与改制型
来定义北方保守主义者、西南温和派与南方变法派。[1] 仕进型官僚
可再分为因循型与干才型两类，因循型官僚占其中绝大多数，他
们一开始倾向于反对激烈的变革，支持保守派反对变法，当变法
既成定局后也会因循执行；干才型官僚急于进取，颇具行政天赋，
推行新政不遗余力。渎职型官僚又可分为贪污型与弄权型两个类
型，贪污型官僚只是凭借职位利用权力而贪污腐化，中饱私囊，
弄权型则一身兼具干才型与贪污型的特点。在区分官僚类型后，
他选取了王安石的四位干才型盟友，再据传记材料罗列各人的行
为特点，认为曾布是干才型的典型，吕惠卿次之，章惇与蔡确介
于干才型与弄权型之间，他俩可视为权臣蔡京的先驱。

　　随后，刘子健再将三种一般类型官僚及其内含的各种特殊官
僚类型纳入政局演进中进行动态的考察。当王安石及其干才型盟

1　刘子健《王安石、曾布与北宋晚期官僚的类型》，载《两宋史研究汇编》。

友推行新政之初，理念型中的北方保守主义者、西南温和派在原则上都反对新政；绝大多数因循型官僚与贪污型官僚出于因循守旧与回护私利的考量，也自然而然地加盟反对者阵营；致使王安石不得不一心依靠宋神宗的倾力支持。进入后变法时期，弄权型官僚不仅恢复了新政，且有足够的权力驱迫因循型官僚奉行遵守，其时，兼具干才型与弄权型的蔡京同时也是贪污型官僚，其他贪污型官僚当然乐随其后，从中大捞好处，新政改革彻底堕落为弊政，也就成为题中应有之义。

五

在第五章"新政与政府运作"里，刘子健聚焦"吏役次官僚制"这一论题。这是因为在北宋官僚体制下，无论地方衙门，还是中央官署，主政官无不实行定期在任制，而由科举出身的文官占据其位，他们在短期内对新职位与新环境的特色很难谙熟洞悉而应对自如，必须借重属下的吏役；而胥吏作为负责日常公务的专业群体，其社会地位虽远低于文官，在机构运作中的作用却至为关键。他们长久甚至终身任职于特定的衙署，却几无可能跻身于文官体系，故鲜有道德顾忌，兼之谙悉官府运作内幕，惯于串通贪污型官僚上下其手、牟取私利，这些从来就是公开的秘密。
王安石新政也包括了吏役次官僚制的改革，试图使吏役无论质与
量都有所提升。改革的内容涉及削减吏的数量，提高吏的俸禄，
让吏员经过考试提拔进入下层文官序列，强化监督的机制，严惩
贪污的吏役。但随着北宋文官体系的确立，胥吏日渐呈现阶层固
化与职务专业化的两大趋向，新政改革吏役次官僚制的设想不仅
完全落空，反而给这个次官僚群创造了更多机会去操纵与滥用权
力，以致刘子健认为，"王安石的改革措施部分地是被腐败官僚和
不可救药的次官僚制联合起来打败的"（第 175—176 页）。

　　在其后《宋人对胥吏管理的看法》[1] 中，刘子健对吏役制的考察
向纵深推进，不仅揭示了辽金元统治下胥吏制的特殊形态，对其在
明清的演进更不乏卓见。限于主题，这里仅介绍与王安石新政有关
的内容。他总的认为，"官、吏之间的差距在北宋之初并不大，其
后始渐加深。王安石变法，在某些方面拉近了它，但也使政府事务
扩张而超出合理的控制范围，造成监察上的松懈"；反变法时期，
"旧党试图再拉大此种差距，他们甚至渐渐无法从知识上对胥吏问
题进行了解"；及至后变法时期，"复起的变法派承继了变法派与反

1　据《食货月刊》14 卷 2 期刘静贞译文。

变法派某些共同的缺点"。刘子健还探讨了吏役制在南宋的恶化："这个政府名义上是专制统治，但通常是由贪污的官与滥权的吏共同主持，而其行事则常与这两个团体不足道的利益有关。"

折回《宋代中国的改革》，在接下来讨论政府运作中中央集权不断强化的趋势时，刘子健指出，这种中央集权在财政管理、人事政策、行政权力等层面都呈现出同一性趋向。王安石力主这种同一性对政府运作的必要性，因此留下了行政权力中央集权化的遗产，也成为其后政府结构的永久性特征，连反变法派主政时也未见有所颠覆。这种"同一性"的趋向，其原点正是王安石倡导的政治与教化必须贯彻唯一道德标准（即所谓"一道德""定于一"）的思想。进入后变法时期，这种"官僚主义的同一性"在日趋强大的专制集权下表现为官僚群体在思想层面的同质化，以蔡京为首的主政者滥用中央集权带来的巨大权力，借助州学设立的"自讼斋"（类似自省室）来统一学子的思想观念，利用皇城司侦缉与整肃批评性言论。令著者大为感叹，这样的不幸结局是王安石生前从未预见到的。

最后，刘子健考察了新政运作与专制政体的关系。皇帝掌控终极权力是君主专制的最基本特点，但这一终极权力仍然受到儒家传统的约束、习惯性边界的限制，并在不同程度上必然要与士大夫官僚分享。但不论官僚能分享到多大的权力，"都只是一种派生的权力，是君主让渡的，并且始终保持在专制加于其上的限度之内"。在变法前期，由于宋神宗鼎力支持，王安石在"得君行道"的同时也助推了这种专制。关于这点，刘子健在后来有进一步表述："在他的新政或称变法体制之下，政府变得自信而武断。"[1]但这是一把双刃剑，君主专制的根本特性最终导致宋神宗不仅"担心赋予王安石过多权力会引起其他主要官员的不忠"（第185页），而且"收回了对变法的全心全意的支持"（第186页），新政运作也必然难以为继。

　　宫廷政治是君主专制的孪生物，刘子健依次勾稽了宫廷政治对新政不同时期的具体影响，得出结论说："宫廷政治不仅与王安石的倒台相关，也与反变法和后变法的激变相关，并最终导致后变法时期的堕落。"（第192页）

六

　　在第六章里，著者别具只眼地选择募役法作个案研究，杨联

1　刘子健《中国转向内在》，第36页。

陛认为这"尤其令人钦佩"。这是基于新政作为一次制度变革，役法的改革势必覆盖整个地方政府服务的改革，远远超出役法自身的界域，对新政其他措施直接或间接带来全局性影响，确可视为新政的核心内容，而役法改革又被卷入所有新政中最激烈的争论之一（唯有青苗法之争差可比拟，但青苗法波及范围与深度仍逊于役法）。刘子健梳理了汉唐至北宋的役法演变轨迹，回顾了新政以前范仲淹、韩琦对役法的尝试性改进，概述了募役法要点、各方激辩的焦点及其在变法时期、反变法时期、后变法时期行废反复的过程，总结性地指出：

> 尽管后变法时期的弊政臭名昭著，又有保守主义学者的反对，但在整个南宋时期，地方政府服役主要靠募役制提供。简言之，王安石的这一特别改革，成为后来中华帝国的一个既定制度。（第 205 页）

刘子健进而以募役法为主要论据，从整体上归纳了新政的五大特点。其一，由于募役法改纳现金，表明新政之下国家财政偏向于货币经济；而募役法在南方获得较多的支持，在北方却遭遇强烈的反对，揭示出货币经济的南北差异程度。其二，募役法

的收入来源构成国家财政体系不可或缺的有效部分，应该与国家
其他相关措施（例如应对西夏军事行动的开支，支付地方政府
的役吏薪俸等）结合起来评价，尤其在国家拥有大量现金税收
后，自身也转化为市场上最大的购买方或消费者。其三，募役法
毕竟导致了沉重的税负，"重税才是新政方案的特性"，其影响广
泛而深远。其四，募役法扩大了各阶层之间的不平等，这种不平
等不仅仅限于募役法，也普遍适用于所有新政方案。其五，在募
役法下，大量雇募的役人加入吏役的队伍，助长了地方政府吏役
次官僚制的扩张，他们在地方政府扩大运作中不可避免地滥用权
力危害民众。募役法的这些特点构成了刘子健对整个新政的批评
基础：

> 　　王安石的政策某种程度上有利于一般消费者和小商人，
> 并花大力气抑制了垄断商人的利益。但不论新政在实现这些
> 目标方面取得了多少进展，它都被加之于多数民众的重税大
> 幅抵消了。（第 209 页）

　　尽管如此，对比保守主义者更拿不出行之有效的役法新对策，
著者对新政仍给出好评：

　　尽管新政未能实现预期目标——并不是出于保守主义者给出的理由——但它试图切实解决日益严峻的税负和货币经济扩张中的国家财政问题，仍然十分值得尊敬。（第 210 页）

七

　　在研究全过程中，刘子健始终彰显王安石作为官僚理想主义者的那一面相。王安石的理想主义就是"以一个在专业性上训练有素、在行政上控制良好的官僚体系作为实现儒家的道德社会的主要手段"；为了实现这一理想，王安石以"制度的改革者"的理念与气魄倾力推动新政，唯其如此，他并未将"富国强兵"作为其新政的首要目标（在这一立论上，刘子健与当时及其后的变法研究颇异其趣），"他的最终目的在于改善社会风俗，期盼实现一种完美的社会秩序（'至治之世'）"（第 211 页）。

　　基于这一根本性论断，对王安石的学派归属，虽有学者据其试图改革的政府体制在表面上与法律颇为相似，而将其归入法家，或者至少是误入歧途而与法家同向的儒家，但刘子健坚持认为："就王安石的观点的理论根据以及他要建立道德社会的终极目标来看，本质上我们还是应该将王安石看作一个儒家学者。当然，他是一个激进的儒家，但'激进'只是相对于许多保守主义儒家学者而言的。"（第212页）在其这一评断的十余年后，中国大陆"批儒评法"运动还将王安石热捧为"法家政治家"，不禁令人既对学术内外阻隔而啼笑皆非，更对政治绑架学术而感慨系之。

刘子健认为，"在强调功利主义治国才能、官僚体制、政府体制及政府主导的体制方面，王安石即使不够伟大，也确实杰出"（第213页），充分肯定了王安石新政的官僚理想主义性质。然而，正如他指出的那样，这种理想主义"基本上是官僚主义的"，而这种官僚主义只能依附在君主集权的这张皮上，并最终为其服务。于是，一方面，王安石在思想理论上"总是把他所诠释的国家利益置于其他一切之上"，另一方面，在改革实践中王安石"以为自己是在帮助大多数人，但是新政带来的国家财政的改善或许远超过它们给人民带来的利益"。（第212页）

王安石敏锐洞察到官僚体制至关重要，并试图以自己的理想主义设想来改革既有的官僚体制，却无可避免地败在自己试图改革的官僚体制阵前。这里，既有其个人因素，例如长于政治思考而短于政治实践，过于关注行政管理而疏于争取潜在盟友，等等。但关键在于，官僚体制是附生在君主集权体制的母体之上的，儒家理想主义与君主专制的现实权力结构之间存在着无法调和的矛盾，新政无论在理想预设上，还是在政治实践上，都旨在不断强化专制主义的中央集权，这就必然陷入吊诡的困境：伴随中央集权强化而来的，便是君主掌控的至高权力对官僚弄权的警惕与防范，无论在政治上还是行政上都亟需更强大的趋附君主集权的同一性。于是，不仅王安石失去了"得君行道"的倾力支持，他的新政也无法"从官僚群体获得足够强大的支持"，"甚至未能成功地从他赖以实施新政的干才型官僚那里激发出持续的忠诚"（第 212 页），各种类型的官僚群都由于君主集权强化而趋于"同一性"了。这种"同一性"也包括王安石借改革体制的需要，在学术上强力推行新经义，致使学术的"一致性取代多元化成为流行"[1]。总之，从变法时期经反变法时期到后变法时期，这种困境在不断累积与增长中，直到以蔡京为首的后变法派结成了新的官僚权贵集团，尽管仍打着"新政"旗号，却"丧失了王安石的理想主义初衷，改革精神化为乌有，道德上毫无顾忌，贪赃枉法肆意公行，拒绝革除任何改革体制的弊端"[2]，这一结局与王安石的预设确实是南辕北辙的。

至此，结论不言而喻，王安石新政是失败的。导致失败的

---

1 刘子健《中国转向内在》，第 25 页。

2 同上书，第 37 页。

原因是多方面的，王安石"犯了匆匆忙忙就想改变整个体制的错误"[1]，这是从主政者急于求成的个性立论。但从根本上说，这一失败既是王安石官僚理想主义的失败，也是北宋以来士大夫政治的失败，是由官僚体制所依附的君主专制集权政体命中注定的。

　　刘子健对王安石及其新政的研究极具开放性，其思考也未止步于此。他认为，北宋晚期的士大夫政治实践中，"新旧两党各有其不同的儒家理想，却都没有成功。北宋晚期政治的失败，也可以说是北宋各种儒学经世致用，在政治上始终没有找到出路"[2]。在《宋代中国的改革》里，他从王安石方式没能成功做出假设："唯一的替代方案看起来就是传统的儒学，或者从南宋以来被尊为正统的儒学。"他把这种唯一的替代方案称为"道德主义的方法"，也就是提升官僚的道德品质和对官僚阶层的道德影响。对这一方案能否实现，在他看来，政治体制才是决定一切的根本症结，故仍持明显的怀疑态度，更以《宋代中国的改革》结语向国人深沉地诘问：

　　　　它是否掩盖了一个官僚制国家的生活真相，从而抑制了

1　刘子健《中国转向内在》，第 57 页。

2　刘子健《王安石、曾布与北宋晚期官僚的类型》。

后来的中国人思考政治体制问题？（第 213 页）

八

对士大夫政治的研究，刘子健有一个完整的序列，故有必要将《宋代中国的改革》插入这一研究序列里做进一步的评价。

1957 年，刘子健的《宋初改革家：范仲淹》由费正清收入其主编的《中国的思想与制度》[1]，作为其宋史研究的首篇大论文，可视为其士大夫政治研究的啼声初试。他认为，士大夫地位是"到了北宋中期才提高的，有相当大的发言权"[2]，这才导致了范仲淹改革。他将范仲淹定位为宋代"政治改革的启蒙者"，其改革尝试就是"努力将一个无政治同质性的行政机制转变为一个富有活力的政治机体"；从政治文化而言，也就是"儒家理想，披着传统文化遗产的外衣，通过这些宋初先行者而获得了新的内容和意义"。然而，作为儒学理想主义者所追求的"新的权力结构的变化必须脱胎于现存的权力结构"，而"在既得不到皇帝足够的信任又没有同

1　中译本见世界知识出版社，2008 年。

2　刘子健《欧阳修的治学与从政》，第 2 页。

僚的有力支持的情势下必会失败"[1]。在他看来,庆历新政只是"范仲淹的小改良",但"庆历的失败又是日后王安石大举变法的伏线",于是就转而研究"王安石变法的大改革",两者在思想底色、改革内容与面临困境诸方面都极具共构性。不难发现,刘子健对两者的研究在分析架构与相关结论上颇有重合性与延续性。

在其士大夫政治研究中,如果说《宋初改革家:范仲淹》只是牛刀小试,《宋代中国的改革》才称得上喷薄而出。刘子健自述其研究方法与结论说:"今日用行政学来看,当时正面和反对的主张,还不如执行的问题,最关且要。变法的政策是有眼光的,要运用在宋代已经抬头的商品经济。不幸,官僚徇私,胥吏渔利。政府管事愈多,各色弊端愈糟。"[2]显而易见,在历史诠释上,《宋代中国的改革》更具方法论的示范意义,为史学界留下了诸多的启示,日本宋史名家斯波义信曾有过归纳:

　　　　其一,作为对中国文化与社会的整体性理解,对政治制度及其理念的架构,对其持续与变化,必须明白其相关有机的解

1　以上引文俱见《宋初改革家:范仲淹》。

2　刘子健《史学方法和社会科学——研究宋代的一些例证》,《食货月刊》15 卷第 9、10 期合刊。

释的重要性。其二，对多次多元的参照项，援用社会科学的分析方法给出功能主义的相关分析的总体性解释。其三，摒弃以西欧经验构成尺度的封闭历史的总体观或一元化的解释，在体验中国之外的世界文明中，选择足资比较的事例对照与考量中国的史事。其四，中国学与考证学应该立足于对中国社会文化遗产的深刻而正确的理解，培植具有中国风格的知识。[1]

由个案进一步引出了推论，充实了一般行政学的原理，刘子健对此也颇有自许：

从这个案得到的推论，可以补充一般的行政学。凡由官僚来主持的改革，先决的条件是官僚素质和行政机关本身的品质。这个说法，已经被一本英文关于官僚制度的选读所采用。[2]

完成《宋代中国的改革》后，刘子健自然而然地追问：在范仲淹的小改良与王安石的大改革之间，士大夫政治究竟是怎样演

1 斯波義信《劉子健教授　人と學問》。

2 刘子健《史学方法和社会科学——研究宋代的一些例证》。

进的？他"发现北宋中叶有许多新兴趋向，一往［以往］被忽视。
而其中的主要分子，关键人物，莫过于欧阳修"。《宋代中国的改
革》出版当年，他就开始了欧阳修研究，仅过数年就完成了《欧
阳修的治学与从政》（1963 年初版），补齐了从范仲淹"小改良"
到王安石"大改革"之间的缺环，构成了北宋士大夫政治研究的
三部曲。书名揭示他所研究的学风与政风实质牵涉士大夫政治的
两个关键性层面。从参与范仲淹改革到反对王安石新政，欧阳修
经历了从激进向温和，从变革向保守的转身，刘子健认为，这一
过程"不独代表北宋中期政情的迂回曲折，而且反映北宋整个政
治上若干基本症结"[1]。北宋政治引人瞩目的两大变化，就是在君权
专制的大形势下，政制上言官发言权的空前提高，政情上官僚朋
党的时起时伏，而"政情政制迭起纠纷，成为北宋中期以后的大
毛病"[2]。欧阳修以其自身的学风与政风推动了这两大变化，却也从
自己从政的经历与经验中认识到其中的弊端，最终导致其政治态
度的彻底转向。日本宋史学界对《欧阳修的治学与从政》大加赞
许："研究宋代的学术与政治，日本人究竟隔膜，不如中国学人因

1　刘子健《欧阳修的治学与从政》，第 129 页。
2　同上书，第 161 页。

为是自己的文化，能体会得较多较深。"[1]

三部曲似乎都专注人物，其实是将北宋中晚期最具代表性的三大人物置于君主官僚政体的大背景下，研究士大夫政治的推演与走势。相对说来，王安石及其新政的研究，牵动的政局更复杂，时段更宏阔，地位也更重要。

其后，刘子健继续探讨宋代士大夫政治的诸多问题，主要论文收入其《两宋史研究汇编》，包括《封禅文化与宋代的明堂祭天》《试论宋代的行政难题》《梅尧臣〈碧云騢〉与庆历政争中的士风》《略论宋代地方官学和私学的消长》《宋代考场弊端》等。与此同时，他进一步探究士大夫政治与专制君权在南宋呈现怎样的关系，将关注点投射在南宋士大夫政治的蜕变上，《两宋史研究汇编》中的《南宋的君主与言官》《包容政治的特点》《略论南宋的重要性》与《秦桧的亲友》《宋末所谓道统的成立》等论文反映了他的新思考。他认为，在士大夫政治上，"南宋风气，大不相同"，提出了一个总体性的推断：

　　从北宋直到近代，都是君主专制或君主极权。可是任用大批受高等教育的职业官僚，是一个特色，与世界史上其

1　刘子健《重印自志》，载《欧阳修的治学与从政》。

他的君主极权不同。因为用了许多官僚，君主也就慢慢学会——像这篇短文所描述的——用些老奸巨猾的官僚手段，来应付和控制官僚。假定如此，我们是不是可以说中国近千年来是一种特殊的"官僚化的君主极权"？而这也就是儒家最大的矛盾？[1]

刘子健并未仅仅停留在推断上，其晚年对整个宋代（乃至中国帝制晚期）的士大夫政治完成了结案式的研究，这就是《中国转向内在》。在这部巅峰之作中，王安石及其新政仍是其绕不过去的论题，他的研究也确有延伸。南宋建立不久，对王安石及其新政的评价顿见逆转，在否定评价中，宋高宗与南渡名臣赵鼎最引人注目。刘子健指出，两者动机迥然不同。赵鼎出于道德保守主义者的立场，认为北宋反对王安石变法的保守派较之后变法时期的变法追随者，在道德上"更为诚实、善良、高尚和深思熟虑"[2]。刘子健感慨赵鼎作为"睿智的领袖也总是透过最卑劣而不是最优秀的个案来批判其对手"[3]；而宋高宗及其代理人秦桧却别有用心地

1　刘子健《南宋的君主和言官》。

2　刘子健《中国转向内在》，第 108 页。

3　同上书，第 109 页。

利用了道德保守主义者"遵循旧制"的偏见，重重关闭了改革之门，从此以后，"即使是在和平年代，也难再发生激烈的变革"[1]。

尽管在现实政治中，改革之门已经关闭，但南宋朱熹却是王安石的同道。刘子健对这一看似荒谬的判断解释道：

> 王安石和新儒家的区别不仅是主张的区别——一方主张制度变革，一方主张哲学定位，更是理念的区别。王安石重视并谋求建立一个运行高效的政府，新儒家则渴望建立一个具有自我道德完善能力的社会。

但他更强调"二者却有着类似的观点，这种观点根植于对现状的强烈不满"：

> 王安石希望在文化、经济和政治领域进行激烈的制度改革；而朱熹所领导的新儒家则希望通过哲学、道德、文化，最终是社会和政治方面的进步使社会发生同样彻底的转变。[2]

1　刘子健《中国转向内在》，第 59 页。

2　同上书，第 45 页。

这一诠释显然在呼应《宋代中国的改革》结论里替代王安石方式的"道德主义的方法"。但他的判断仍然毫不含糊：

> 国家权力始终处于传统中国舞台的中心。中国文化的命门存在于政府和意识形态（政教）当中……新儒家不管怎么发展，都无法重塑或改变这个政治－文化的混合体，或者将权力的亚文化转变为伦理道德的亚文化。[1]

总而言之，无论是王安石方式，还是朱熹方式，士大夫政治最终只能沦为服务于君主集权政体的附庸与工具。这就是刘子健毕生研究宋代士大夫政治的不刊之论。

如此而已，岂有他哉！

（鸣谢：邓小南、聂文华先生惠允引用刘子健致邓广铭先生函；林磊与王茂华先生在资料搜集上颇有助力）

1　刘子健《中国转向内在》，第 144 页。

序

杨联陞

　　刘子健教授对于王安石及其时代的最新评价是一项跨学科的研究，既基于最近的学术成果，又体现了他对这一问题的独到看法。说它是跨学科的，是因为其中融合了取自政治学、历史学和汉学的分析方法和技巧。作者对于材料的小心运用，达到了批判性人文研究的高标准；他对阐释的兴趣，显示出一种对任何政治学家来说都必要的敏锐的问题意识。本书由此展示出双重性：它借鉴了现代中国和日本学者大量具体的研究，有助于理解这一主题的各个方面；它为一项详尽而权威的工作奠定了基础，而这项工作当然需要更长的时间才能完成。通过整合这些研究者及其本人的相关研究成果，刘子健教授能够探索出新的研究角度并激发进一步的研究。

　　本书中处理的问题，包括政治思想、中国官僚的行为模式和与国家权力的中央集权化相关的问题。这些问题的重要性，所有制度史和思想史的研究者都会欣然承认。为准备本书，作者小心翼翼，不使用不必要的细节或专业术语来增加读者的负担。另一方面，他也没有仅仅因为难以解释而回避复杂的问题。

　　正因如此，刘子健教授选择"为地方政府服役"作为王安石变法中的一个个案研究，在我看来尤其令人钦佩。役法如果不是最复杂的制度的话，那么也一定是最复杂的制度之一。于是，作者用了一章，成功地为新募役法的背景、特点以及新旧制度的利弊描绘出一幅非常清晰的图景。这本身是项了不起的成就。和东亚研究中心的其他成员一样，我很乐意赞助这本充满学术性和启发性的作品。

1959 年 5 月

自 序

11 世纪的改革家王安石，是中国历史上的杰出人物。新政是他对时代挑战的回应，显示出与现代方案惊人的相似性；它们已经成为现代世界的灵感来源之一，不只是对于巨变时期的许多中国人来说，而且超越于中国之外——比如，对于远至美国的剩余农产品政策。毫不夸张地说，王安石理应在世界历史上占有一席之地。

像历史上的许多伟大人物一样，王安石不能被人完全理解，甚至往往遭受彻底的误解。在中国历史上普遍保守的发展进程中，王安石真的是一位卓越而激进的改革家么？或者说因为他拥有高尚的品格，所以仍然身处儒家传统的丰厚遗产之中？如仰慕他的人所宣称的，他是一个务实而有远见的伟大政治家？或者如其他许多认为他不值得称赞的人所坚称的，他是一位坚持乌托邦理念而误入歧途的学者？

这些以及其他许多问题促使我尝试对这一不寻常的人物及其时代进行重新评价。几年前有限的计划初步形成时，目的只是为了一篇简单的专题论文。就目前的成果而言，大大超过了原来的预期。尽管如此，重新评价的任务仍旧刚刚起步。关于王安石及其时代的大量问题，需要许多学者从事新的研究，我们希望由此能够全面理解这一伟大的历史人物。

没有哈佛大学"中国经济与政治研究计划"（Chinese Economic and Political Studies）的支持，本书很难这么快面世。对这一计划成员的感激之情，我的言辞不足以表达万一。感谢杨联陞教授最初对我的鼓励和不断的指导，以及贡献了本书的序言。感谢费正清（John K. Fairbank）教授和史华慈（Benjamin I. Schwartz）教授鞭辟入里的批评和有益的建议。与瞿同祖先生以前的两次共事及如今在哈佛结成的持久友谊，使我的研究工作更加愉快。马西森（Elizabeth M. Matheson）夫人的工作价值难以估量，她耐心地多次核对底稿。我还要感谢哈佛燕京学社图书馆不知疲倦的裘开明馆长和工作人员，我试图在那里通过暑期阅读来减少自己的无知。在陈述这些致谢时，我不禁回想起燕京大学的洪业教授，是他在第二次世界大战以前引导我从事历史研究。

刘子健

于匹兹堡大学

匹兹堡，宾夕法尼亚

第一章

王安石生平及其新政简述

在中国漫长的历史进程中，很少有人像北宋杰出的改革家和最富争议的政治家王安石（1021—1086）那样重要。他主持的改革的非传统性质，其施行方式之彻底，以及其涵盖范围之广，几乎前无古人，直到最近一个世纪也没有什么改革可以与之媲美。这些特殊的改革举措，被总称为"新法"（hsin-fa）而为人所知。有时它们又被翻译为"新的法律"（New Laws），但这一译法过度限制了它的意义。实际上，改革举措远远超过颁布少数几项新的法律，也包括建立引起机构变革的新制度。或许用"新政"（New Policies）来描述它们更好一些，这一更综合性的名称更贴近事实。[1]

1　New Laws 这一翻译来自中文术语"新法"（hsin-fa）。"法"意为法（转下页）

因清代学者蔡上翔和近代学者如梁启超、柯昌颐、威廉森
（H. R. Williamson）等人的研究，王安石已广为人知，没有必要
对他的生平和改革举措做过多介绍。[1] 王安石是临川人，临川在抚
州，即今天的江西省。到北宋中期，随着越来越多的一流诗人、
作家、受人尊重的学者和政治家的出现，江西上升为具有全国性
重要影响的地区。王安石的家族在其曾祖父时由务农而兴。在接
下来的三代里，王家出了至少八位进士，包括王安石在内，遂成
为官宦之家。王安石的父亲是一个下级官僚，携家眷在多个地方
政府岗位任职。宝元二年（1039）他去世后，他的家人没有回到
家乡，而是留在了江宁，也就是今天的南京。

王安石具有鲜明的个性。作为一个信念坚定的年轻学者，他
往往只选择几位具有相似理想的亲密朋友。他们通常来自南方，
尤其是江西和福建。这一倾向贯穿于王安石的一生。

（接上页）律，但也指方法或举措。有时，"法"也作为"法制"（fa-chih）的简
单表述，可以被译为"通过法律建立起来的制度"（systems established by the
laws）。对此更全面的讨论，见第三章中"王安石的政治与经济思想"一节。

[1]　关于王安石生平的详细描述，可参考几本著名的著作。中文的有柯昌颐的
《王安石评传》、梁启超的《王荆公传》、邓广铭的《王安石》和蔡上翔的《王
荆公年谱考略》，最后一部包含了最具实质性的研究。日文的有佐伯富的《王安
石》。最常被用到的英文著作是威廉森的《王安石》。

　　王安石的职业生涯开始得平淡无奇。从庆历二年（1042）中进士到嘉祐五年（1060），他选择在离南京不远的几个地方政府任职——江苏的扬州、浙江的鄞县、安徽的舒州和江苏的常州。他拒绝了在朝中任职的机会，那可以促进他的事业发展，却不能帮他免除家庭和经济上的责任。尽管如此，随着学识逐渐为众人熟知，以及行政管理能力的显现——尤其是在水利灌溉和财政举措上——王安石声誉日隆。嘉祐三年（1058），还在他的政治生涯早期，他向宋仁宗上了一道"万言书"。尽管这道奏疏没有产生立竿见影的效果，但它成为王安石政治理论的基石、之后发起改革的基础，也是中国政治思想史上的一份重要文献。

　　王安石的名字逐渐引起一些政治观念迥异的高级官员们的注意。尽管他们的不断推荐带来了晋升的机会，但王安石总是出于家庭的考虑，一再拒绝他们。直到嘉祐五年（1060），王安石终于被劝服在京城任职。在短暂任职于三司之后，王安石迅速晋升，先供职于集贤院，随后担任知制诰。这些职位被认为属于"清白的、受人尊重的官职"（清望官），远离包括诸如财政或法律事务之类的"不清"的职责。不过，担任这些职位的官员很容易接近皇帝，不是因为其行政职责，而是在于传统上备受尊敬的顾问才能。这些职位通常会留给广受推荐的、有前途的士大夫。

3

王安石的晋升不久就因 1063 年至 1066 年为母亲服丧守制而中断了。治平四年（1067）他返回政府任职[1]，成为南京的管理者（知江宁府）。出于自己的选择，看起来他似乎要长期担任地方政府的职位，但命运另有安排。1067 年，新皇帝神宗继承了皇位。作为一个机警和有远见的人，神宗渴求建议。由于神宗从前的老师韩维（1017—1098）的推荐，王安石于熙宁二年（1069）初被召入朝。神宗对他印象深刻，任命他为参知政事。在这个关键职位上，王安石负责全部行政事务。神宗给予了王安石非同寻常的尊敬和信任，并全力支持他在随后不久发起的改革。

4 　　在接下来王安石掌权的几年里，涌现了许多重要的事件和翻天覆地的变化。大范围的灌溉工程在漳河、汴河和黄河的一段开展，这些地区基本上位于宋朝都城周围，或者说今天的河南省。熙宁五年（1072）前后在西北（今天的甘肃省）、熙宁六年（1073）在西南（今天的湖南省）和熙宁九年（1076）在南方（击退来自交阯的入侵）的几场军事战役均取得了胜利。所有这些努力和成就无疑值得重视，但是在这里我们应该将注意力集中在众多体制性的改革举措上——它们深刻影响了政府的运作和制度，

1　译者按：时神宗已即位。

以及百姓的生计。[1] 以下按领域对新政予以分类列举，以标明重点，同时这也是怨言和反对所产生之处。[2] 当然，这些问题领域里面有许多是互相联系和有所重叠的。

国家财政计划

1. 熙宁二年（1069）二月，建立财政计划委员会（制置三司条例司），研究和建议整顿国家财政。

国家为农民筹措资金

2. 熙宁二年（1069）九月，推出农业贷款，即所谓"青苗

1　威廉森翻译的很多中文术语并不总是令人满意的。在必要的时候，我会建议新的翻译。关于政府机构和官职的名称，我大多采用了柯睿格（E. A. Kracke）的《宋初的文官制度》和《文官职名》。

2　这些改革举措的中文术语，在文中按序号如下：① 制置三司条例司；② 青苗法；③ 均输；④ 募役法；⑤ 保甲；⑥ 方田均税；⑦ 与 5 相同；⑧ 保马法和军器监；⑨ 铜币或者简单说"钱"；⑩ 市易法；⑪ 免行钱；⑫ 太学和州学；⑬ 策、论、经义、诗和赋；⑭ 保任或者被担保而任命；⑮ 吏或者胥吏。给予吏人一定俸禄、对他们行为不当的惩罚也比过去更严重的制度，被称作"仓法"，因为许多吏人的职责与粮仓相关，而且，他们俸禄的很大一部分也出自粮仓。"仓"（granary）在这里是统称，既指粮仓又指地方政府的财库（见第五章中"吏役次官僚制"一节）。这些改革举措的主要内容，可参本书第 68 页注释 1 中提到的那些名著，或者北宋史料汇编《皇宋通鉴长编纪事本末》卷 66 第 1—18 页、卷 68 第 1 页—卷 75 第 21 页。

钱",提供给农民以用于播种,收获之后再连本带息一起偿还。

国家收入与保管

5 　　3. 贡赋收入。熙宁二年（1069）七月,推行均输法,管理通常从各省运送到政府的贡赋物品的运输、交换、出售与购买,以预先满足政府需求,同时稳定物价。

　　4. 地方政府的维持。熙宁三年（1070）十月,设立募役法,在京城试行后推行到全国。该法估定分等级的货币税收,以支付雇用必要人员为地方政府服役的费用,在此之前则一直实行轮替征派的差役法。

　　5. 地方秩序的维持。熙宁三年（1070）十二月,设立保甲法,以十户或更多户家庭为基本单位组织乡村居民,承担社区治安任务的集体责任。

　　6. 土地税。测量土地,平均税收（方田均税法）,于熙宁五年（1072）八月生效,目的在于消除逃税和不公平的负担,尤其是在北方地区。

国防

　　7. 基本举措。保甲法及其最终用途在于增加后备军队,这一制度类似于征兵制。

8. 其他改进举措。熙宁五年（1072）五月，开始施行喂养马匹制度（保马法）。在北方和西北的边境地区，每个家庭被分派饲养一匹马。熙宁六年（1073）六月，设立军器监，以提升武器的质量。还有其他一些加强军事防御的次要举措。

货币

9. 熙宁三年（1070）七月，解除对私人运输和持有铜的禁令，多次增加政府的铜币铸造，以满足国家财政扩大引发的需求和货币纳税的要求。

6

贸易

10. 熙宁五年（1072）三月，颁布市易法（国家贸易制度），由此政府可以直接从小商人手中购买商品，并为他们扩展贷款机构，这样他们就不必通过行会来进行交易。政府意图通过这一制度平抑市场价格。

11. 熙宁六年（1073）九月，免行钱生效，对各种行户以货币折算，由此免除他们向宫廷贡奉物资的惯有负担。

教育与文官

12. 教育。熙宁四年（1071）九月，对太学进行改制，使其最终将代替科举制度。在太学设立新的课程以及在京城别处设立学校，以培养特殊领域如武学、律学和医学方面的人才。同时也建立了许多地方学校，尤其是在北方地区，以改善该地过去匮乏的教育。

13. 科举制度。将重点放在论、策问和经义上，而非诗和赋。熙宁三年（1070）三月，此项改革开始在常规的进士考试中施行。在较低层次的考试中，律学作为一个新的领域也设立了。

14. 官员任命。熙宁六年（1073）三月，设立针对进士、保任及其他符合任官条件的人的律令考试。

15. 政府吏员。熙宁三年（1070）十二月，没有官品的胥吏实行俸禄制，并被置于严格的监督之下，行为不当将受到惩罚。同时，有实绩的胥吏可以通过考试晋升为下级官员。

在作为最主要的执政大臣掌管国家事务和提出他的新政时，王安石最大的困境在于在大多数官僚中缺乏合作者。对其政策的反对意见来自许多著名的官员，仅举数例说明：令人尊敬的前辈政治家韩琦（1008—1075）和富弼（1004—1083），他们早先在庆历三年至四年间（1043—1044）发起了第一次、但是规模较小的改革；另一位前辈政治家欧阳修（1007—1072），他曾经推荐过王安石；吕公著（1018—1089），一个显赫政治家族中的领袖，也曾赞赏王安石并与其为友；司马光（1019—1086），一位备受尊敬的、赢得北方许多保守主义者支持的士大夫；来自四川西南地区的才华横溢的领袖苏轼（1037—1101）和苏辙（1039—1112）兄弟；甚至还有郑侠（1041—1119），他师从王安石，在改革初期也曾予以支持。但是，普遍的反对并未能阻止王安石和宋神宗。熙宁三年十二月（1071年1月），王安石晋升为同中书门下平章事，继续在朝中发挥决定性的影响，并劝服宋神宗将直言不讳的反对者一个接一个地降职。

　　王安石政治生涯中的一个决定性转折，是他在熙宁七年（1074）暂时辞去朝廷职务。北方的大饥荒加剧了民众在改革制度下所承受的任何苦难。反对者鼓起劲头重新发起了攻击，而在郑侠将源自饥荒地区的引人注目的《流民图》上奏之后，宋神宗深为震惊。同时，市易法和免行钱在京城开封引发怨言，使得内廷之人——主要是宣仁太后和宦官们——都告诫宋神宗要提防王安石。王安石的情感和自尊深受伤害，于是请求辞职。宋神宗仍旧对他报以相当大信任，命他知江宁府，同时保留名义上宰相的荣誉头衔。另一方面，通过暂停一些有争议的举措，并征求对它们的坦率批评的方式，神宗第一次对变法表达了某些疑虑。

王安石并没有离开京城太久，不到一年之后，熙宁八年（1075）初，他又回到了在朝廷上的领导位置。但是，在第二次掌权时，王安石发现自己处于比之前弱势得多的政治地位上。他的很多推荐不再得到宋神宗的即刻批准。他的两位主要盟友因为引起他的不满而被降职离朝。曾布（1036—1107）违背王安石的意愿，揭露了市易法和免行钱的不当之处，因此直接促成王安石早些时候的辞职；吕惠卿（1032—1111）则在王安石离开朝廷期间试图削弱其影响力。现在，他转而寻求支持的那些人更缺乏实际经验，更糟糕的是，也更不值得信赖。变法还在继续，但持续的反对也同样如此。王安石本人日益消沉，尤其是在他钟爱的唯一的儿子王雱去世以后。[1]熙宁九年（1076）冬，宋神宗最终同意王安石退闲。

在退闲生涯中，王安石主要致力于撰写一部有关字源学的

1　译者按：此处作者有误，王安石实际上不止王雱一子。对王安石子女情况的详细考证，可参刘成国《王安石年谱长编》，中华书局，2018年。

书——《字说》。宋神宗封王安石为舒国公以示尊崇，王安石也满意地看到，在接下来的九年里，他的改革体系没有发生根本性转变，继续运行着，直到元丰八年（1085）宋神宗驾崩导致变法终止。政治浪潮的突然转向摧毁了王安石的改革体系，这给他带来了极大的悲痛，次年王安石便去世了。

　　为了完成这一概述，我们必须超越 1069—1085 年的变法时期，看一下 1085—1093 年的反变法时期和 1093—1125 年的后变法时期。[1] 反变法时期处于宣仁太皇太后摄政之下。大多数新政一项接一项地被废止或彻底调整。突出的变法支持者最终被指斥为"朋党"成员。甚至是一些保守主义者，如反对倒向另一个极端的范纯仁、苏轼和苏辙也不受欢迎。在这一时期之初领导保守主义者的司马光去世后，权力落在吕公著、吕大防（1027—1097）和刘挚（1030—1098）手中。他们对新政共同的厌恶，并未能阻止他们在其他事情上意见不合和分裂成私人派系。

　　后变法时期始于元祐八年（1093）宣仁太皇太后去世，宋哲

1　关于变法、反变法和后变法时期最实用的基本史料，可见《皇宋通鉴长编纪事本末》，除了第 71 页注释 2 提到的以外，还可见卷 59 第 1 页—卷 61 第 16 页、卷 63 第 1 页—卷 64 第 10 页、卷 94 第 1 页—卷 98 第 17 页、卷 100 第 1 页—卷 102 第 18 页、卷 108 第 1 页—卷 110 第 15 页、卷 120 第 1 页—卷 122 第 16 页、卷 124 第 1—8 页以及卷 129 第 1 页—卷 131 第 22 页。

10 宗掌握政府权力（亲政）。他将以章惇（1035—1106）、王安石的女婿蔡卞及其兄蔡京（1047—1126）为首的新政支持者召回权力中心。大多数新政恢复了，有一些还扩大了施行的地理区域。一场大范围的报复性政治迫害，将数以百计的保守主义者流放到具有羞辱性的遥远的地方政府职位。此一盛行的政治氛围的一个显著例外，发生于1100年徽宗接替哲宗皇位之际。唯一一位恢复一定领导权力的王安石的早期盟友曾布，提出了一种调停和统一的政策，名为"建立中间路线"（建中）。他推荐了一些保守主义者担任高级官职，希望弱化派系斗争。不幸的是，这一短命的政策，既未能使其他后变法时期的领导者满意，也未能安抚怨愤不平的保守主义者。成功设法牢牢控制其他所有人的是蔡京。从1101年到1125年——距金朝军队入侵，北宋王朝覆灭仅余两年——在近四分之一个世纪里，除了短暂中断以外，他始终大权在握。在他的支配下，政治迫害加剧，腐败激增，政府的行政管理在很多方面都恶化了。变法在历史上声名狼藉，是由于早先对它的抱怨，保守派对它的持续谴责，以及尤为引人注目的、对它直接引向导致王朝覆灭的臭名昭著的后变法时期的批评。

第二章

阐释的问题

11

对先行阐释的评价

对于改革及随后政治潮流转向的激烈争论，使得对此复杂历史时期的历史学研究变得非常困难。很多基本史料受困于有偏见的叙述和蓄意删改。首先，（神宗）实录（真实的记录，有时被称作"君主在位期间的编年史"）的起草与改写在反变法和后变法阶段引起了激烈的争论。在南宋初期完成而今已不存的第三稿和定本[1]，以赞同反变法派的观点解决了这一问题。这一版本由痛恨后

---

[1] 尽管实录本身已不存，但其中很多材料已进入李焘《续资治通鉴长编》（译者按：下简称《续长编》）、《宋会要辑稿》（北宋最好的原始资料）和杜大珪《琬琰集删存》（宋代早期传记汇编）。

变法时期弊政的人所修订。[1] 这也符合哲宗之妻昭慈太后的明确期
望。昭慈太后支持废除变法的宣仁太皇太后，同时也为其继位为
帝的丈夫所厌恶，并因后变法派的报复和宫廷阴谋而被逐出宫。[2]
她免于金朝侵略者的囚禁——他们曾尝试寻求保守主义集团的支
持而未果[3]，后来以极高的荣誉回到南宋朝廷之中，被视作北宋政
权以及后变法时期之前美好时代继续存在的象征。正是昭慈太后
要求宋高宗告诉实录的编纂者，要将北宋灾难性的灭亡归咎于蔡
京及其同党。[4] 但是，在实录的最终稿中，这种对后变法时期有意
的谴责，与学者们长期以来对王安石及其改革的偏见搅在一起。
这对王安石来说是不公平的，它部分源于错误地将王安石与后变
法时期联系在一起。

1　李心传《建炎以来系年要录》（自南宋初期以来的编年史）卷 40，第 745 页；
卷 46，第 831 页。《郡斋读书志》（晁公武的书籍解题）卷 2a，第 15—16 页；卷
2c，第 19 页。又见蔡上翔《王荆公年谱考略》卷 25，第 1—6 页；梁启超《王
荆公传》，第 10—13 页；柯昌颐《王安石评传》，第 381—385 页；威廉森《王安
石》第 2 卷，第 60—70 页。

2　《曾公遗录》（曾布的记录）卷 9，第 69 页；《宋史》329，第 5263 页；《皇
宋通鉴长编纪事本末》卷 113，第 1—10 页。

3　参阅外山军治《靖康の變におケル新舊两法薫の勢力闗係》。

4　《朱子语类》（朱熹的分类评论）卷 127，第 13—14 页；《宋史》卷 243，第 5161
页。又见《宋史》卷 471，第 5676 页；卷 242，第 5160 页；卷 243，第 5162 页。

对历史来说幸运的是，淳熙元年（1174）李焘私人编纂完成了浩繁的原始资料汇编《续资治通鉴长编》，它包含了官方文献和只有极少量编辑修订的其他文献，按时间先后整理，以为一部北宋编年史做最终的准备。尽管表现出一定的反变法的偏见，这部汇编仍可以和官方档案选编《宋会要辑稿》一起放心使用。这两部著作是最好的基本史料。[1]

《宋史》编纂于元代，总体质量较差，对变法也尤其不公平。[2]其主要编纂者倚重于有影响力的南宋哲学家朱熹的著作。朱熹对于王安石及其改革的观点尽管有时温和，但基本上来说是不利的。[3]

1　蔡上翔《王荆公年谱考略序》第 2 页认为《续长编》是不公正的。但是蔡上翔是否细心研读了《续长编》值得怀疑（见杨希闵《王荆公年谱考略附存》卷 2，第 2 页）。冈崎文夫《王安石内政総考》第 175—178 页指出，蔡上翔经常引用对王安石有利的王安石诗注。这些注释为编纂《续长编》的李焘之子李壁所作。而且，《续长编》与《宋会要辑稿》紧密相符。显而易见，李焘在编纂《续长编》时将编辑修改限于最小限度之内（见柯睿格《宋初的文官制度》，第 240 页）。

2　蔡上翔《王荆公年谱考略序》；梁启超《王荆公传》，第 9—10 页；柯昌颐《王安石评传》，第 385—392 页；威廉森《王安石》第 2 卷，第 27—29 页。

3　杨希闵《王荆公年谱考略附存》卷 1，第 12—22 页；柯昌颐《王安石评传》，第 403—410 页；威廉森《王安石》第 2 卷，第 69、118—120 页。值得注意的是，《宋史》大量采用了朱熹所记著名官员的言辞和行为，即《名臣言行录》。对于《名臣言行录》真实性的批判性评价，见宫崎市定《宋代の士風》，第 139—140 页。

当稿本出现不同观点时，《宋史》的主要编纂者（总裁官）一向都毫不犹豫地进行更改，以求与他们自己的观点相一致。[1]其他关于宋史的权威汇编基本都表现了宋王朝在历史上的进步，但它们未能纠正对于变法的偏见。

对于王安石死后迅速涌现，并充斥整个南宋时期的五花八门的私人笔记，必须极其谨慎地处理。它们中间有不少都充斥着谣言、诋毁，甚至是捏造。[2]这一时期一些士大夫之间激烈的争名夺利，促进了揭发文学（exposé literature）的增长。附带一提，这是一批引人兴味的文学作品，未来值得研究。比笔记更有用的，是很多主要的士大夫的作品汇编（文集）。它们所提供的信息更加可靠，已经被近来的研究者用来补充《续资治通鉴长编》和《宋

---

1 《元史》卷 182，第 6548—6549 页。《宋史》的编纂总裁官是欧阳玄和张起岩（见欧阳玄《圭斋文集》卷 13，第 5—7 页；卷 16，第 11 页）。一位可能与两位总裁官意见相左的撰稿人是袁桷（见袁桷别集，即《清容居士集》卷 18，第 7 页；卷 41，第 12—13 页；卷 41，第 13—19 页）。

2 一篇题为"辨奸论"的文章可能是伪造的。据说，该文为苏轼与苏辙的父亲苏洵所撰，公开指斥王安石。事实上，苏洵从未写过此文。见蔡上翔《王荆公年谱考略》卷 10，第 1—13 页；梁启超《王荆公传》，第 95—98 页；柯昌颐《王安石评传》，第 389—391 页；威廉森《王安石》第 2 卷，第 109—110、148—157 页。可以补充说明的是，在王安石之前以及其生活的年代，就已经出现了自称为揭发文学的伪作（见历史制度的百科全书，即马端临《文献通考》，第 1767—1768 页；刘子健《范仲淹、梅尧臣与北宋政争中的士风》）。

会要辑稿》所提供的资料，而对这些文集的使用目前远远不够。

对于王安石的研究，随着清代学者蔡上翔详细的传记研究而姗姗来迟。蔡上翔不遗余力地要推翻自南宋以来持续反对王安石及其变法的历史偏见。正是这部重要的著作，使得现代学者如梁启超，将王安石视为一位伟大的英雄、强调他的远见及其新政与现代思想的相似性，而将其重新引介入 20 世纪。1930 年代，柯昌颐和威廉森在他们关于王安石的一中一英两本名著之中，用更多的材料进一步阐述了基本相同的观点。柯昌颐的著作已经在一定程度上利用了《续资治通鉴长编》，尽管还不够广泛。一段时期以来，这两部研究几乎被视作权威著作。但是，1936 年出版的《宋会要辑稿》，立即证实了《续资治通鉴长编》的可靠性，也披露了大量更进一步的信息，随即使得所有先前关于王安石的研究都过时了。

最近的学者尚未尝试对王安石及改革作综合研究。他们更倾向于将精力都用于对具体改革措施的细节研究，一项接着一项。他们敏锐地意识到，只有将王安石及其改革置于他的时代和宋代社会各方面发展趋势的广阔参照系之中，才能对其有真正的理解。 14 在这方面，许多学者做出了重要贡献，尤其是如下这些研究：全汉昇关于经济史，宫崎市定关于政府和政治行为，聂崇岐关于政府机构和政治史，曾我部静雄关于财政，以及周藤吉之关于土地制度和官僚的社会流动。

近来宋史领域学者的注意力，概而言之，第一集中在经济发展，第二集中在政治体制。相对而言，很少关注宋代的思想。对这最后一个领域的研究，大体上着重强调在北宋兴起至南宋成为主流的形而上学和自我修养哲学。相反，对政治理论则较为忽视，尤其是那些在北宋时期有影响的强调功利主义的思想。尽管不是宋代专家，萧公权因为在他的中国政治思想史中对这一方面给予了应有分量的重视而值得赞誉。[1]

所有这些著作呈现出对王安石及其改革各色各样的阐释。在传统史学中，王安石被视作一位天才的学者，一位诚实但固执的政治家，被自己过分的自信和他寄予错误信任的小人同僚所误导。在此视角下，王安石不能被视作正统意义上第一流的儒家学者。但另一方面，蔡上翔的详细研究宣称，这即使不是扭曲，也是一种误解，王安石应该被看作一位真正的且非凡的儒家学者。

本世纪的出版物，不消说，不再将他们对王安石的理解根植

1　萧公权《中国政治思想史》第2编，第143—167页；狄百瑞《新儒家再评价》。

于儒家思想。梁启超在他的传记作品中，强调王安石的理想和改　15
革举措旨在富国强兵。[1] 其他作者，比如福开森（J. C. Ferguson），
基于现代自由主义而对王安石表示赞赏。而其他人，尤其是威廉
森，将王安石的改革比作国家社会主义。[2] 在充满国家主义和革命
精神的当今时代，流行的对王安石的阐释倾向于过度赞美他。只
有一个例外，表达了一种少数观点，即认为王安石是独裁的，但
这部著作，没有审慎地使用历史材料，因此不需要严肃对待。[3] 无
论如何，上述各种各样的阐释有一个共同的特点：以现代眼光回
顾性地、从作者各自所持的特定的政治观点出发来审视王安石。

最近几年，研究者总是将注意力集中于宋代的整体发展水平
上，并且特别强调社会经济的发展趋势，他们将这种社会经济趋
势作为解释政治趋势的基础，这也反映到对王安石的研究方法上。
这些学者强调士大夫阶层在土地所有权和特权方面的既得利益。
他们暗示，这种既得利益即是解释宋帝国官僚主义特点和专制性

1　梁启超《王荆公传》，第 155—194、205—226 页。

2　福开森《王安石》；梁启超《王荆公传》，第 1 页；柯昌颐《王安石评传》，第
427—428 页；威廉森《王安石》第 2 卷，第 182 页。傅兰克（Otto Franke）和
卫礼贤（Richard Wilhelm）在他们的中国通史中遵循了相似的阐释。

3　见聂崇岐对林语堂《苏东坡传》一书的书评，《燕京学报》第 34 卷，第 298
页（北京，1948 年）。

质的线索。虽然他们不否认王安石是一位改革家，是值得称颂的、理想主义的和卓越的，但他们以为，将他视作一位超越了所处社会经济背景的杰出的政治家，则可能是一种错误和一种过度的吹捧。

内藤湖南、王毓铨、周藤吉之以及其他几位顺着周藤吉之探究脉络的日本研究者，在最近对王安石及其时代的阐释上，强调了两种假说。第一种是，在与既得利益者即大地主（主要集中于北方地区）和大垄断商人澎湃激烈的抗争中，王安石代表了新兴中等地主（主要集中于南方地区）的利益。第二种是，新政在事实上扩张了官僚阶层整体的力量，收紧了专制国家的控制力。[1]

这两种假说之间并不必然是冲突的。它表明了中等地主利益和专制国家利益之间可能存在紧密的联系。一方面，中等地主重视国家的保护；另一方面，中等土地所有权可能最为符合专制国

1　王毓铨《北宋社会、经济与政治》，第 535—546 页；内藤湖南《中國近世史》，第 123—130 页；周藤吉之《宋代官僚系と大土地所有》，第 5—77 页；中村治兵衛《王安石の登場——宋朝政権の性格》，第 1—12 页；池田誠《保甲法の成立とその展開——王安石の政治改革の問題》，第 7—8 页。最后一篇论文包含对各种王安石阐释的简要分类。1941 年用日文出版的佐伯富的《王安石》，和目前最新的有关王安石的著作，即 1953 年用中文出版的邓广铭的《王安石》，也都沿袭了最近研究的观点。

家本身的利益。[1]然而，这种利益的相符（coincidence），绝不意味着利益相同（identity）。许多研究者近来的研究已经在事实上证明，官僚在为中等地主和专制国家的利益同时服务的过程中扮演了双重角色。当这两种利益发生冲突时，一些官僚如何选择，至今尚无研究。王安石通过他的新政，努力为他理想化的国家最佳利益服务，有时，甚至以牺牲其社会出身所属的阶级（class）为代价。[2]然而，他的许多追随者，相对于国家利益，更认同他们的阶级利益——如果不是个人利益的话。

到目前为止，最近的阐释已经大体阐明了这个时代的整体社会经济趋势，尽管还不够确凿无疑。在这些阐释中，阶级利益假说是否有充分的事实证据支撑仍然值得怀疑；或者，这种假说所提出的社会经济趋势，如果得到证实，有可能为政治趋势提供充分的解释。虽然社会经济因素毫无疑问影响了政治趋势，但还有其他因素在起作用，对这一点也应予以考察。最近的阐释对有些问题并未给予足够的关注，比如，思想或者政治哲学的多元脉络——它将士大夫分为不同和相对立的学派。此外，政治趋势有

17

1　王毓铨《北宋社会、经济与政治》，第 533—546 页。

2　见第三章中"变法派与保守主义者的分歧"一节。

其自身的动力。处于相同的社会经济背景，甚至在一个特定的思想流派内，士大夫以不同的政治行为做出回应。这些行为提供了一个将他们区分为特定官僚类型的基础。[1] 简而言之，最近的阐释尽管有启发性和帮助，但仍然为再评价留下了相当大的空间。

当前的再评价及其参考框架

当前的探索包括在政治背景下对王安石及其时代的再评价。首先，将回顾过去四分之一个世纪里出版的许多日本学者、一些中国学者和少数美国学者对王安石及其新政和这一时代巨大发展的研究。有少数出色的著作和大量论文应该提请所有感兴趣的研究者注意。其次，要设法将各种各样的阐释整合起来——只要它们是兼容的——以获得对于王安石及其时代的综合理解。这一再评价将借鉴关于政治思想、政治行为、政府运作的多种阐释，包括我自己的研究。希望这一政治性参考框架的使用，有别于许多当代学者普遍采用的社会经济背景，可以有助于为更深入的探索

18

1　刘子健《宋初改革家：范仲淹》，第 126—130 页。

建立新的起点。

这样一种政治的进路，需要对政治环境，以及相关社会和经济背景的快速调查。正如柯睿格恰当地描述的那样，北宋时期经历了诸多划时代的中国"传统内部的变化"（changes within the tradition）。[1]

伴随着教育的发展和印刷术的广泛应用，学术达到了新的高度，在恪守儒家同一性的同时出现了有创造力的多元发展。从长江流域至福建沿海的南方地区，在全国明显居于领先地位，不只是就人口、生产力、贸易和总体的繁荣而言，还包括教育和学术。城市生活方式从大都会圈和大城市向外扩散。货币经济缓慢而稳固地扩张着。政治趋势平行于这些社会和经济方面的发展。曾我部静雄已经指出，宋帝国以经济实力弥补了其军事上的虚弱。然而讽刺的是，在国防需求和庞大的官僚体系导致的沉重的财政负担下，它沉沦了。[2]

在这些划时代的变化当中，关键角色属于士大夫（学者型官僚，scholar-official）或者说官僚阶层。作为学者，他们通过新理

1　柯睿格《宋代社会：传统中的变革》。关于王安石时代之前的宋代社会，这里的记述比威廉森《王安石》第 2 卷第 71—91 页的部分更好。

2　曾我部静雄《宋代财政史》，第 22—37、68—69 页。

论的建构、对儒家经典的新阐释和对儒家传统不同脉络的不同强调，促进了智识的多元化发展。[1]一些不同的思想流派为获得新的儒家正统地位而彼此争夺。

作为官员，他们拥有比在之前的王朝更强势的政治地位。他们中的大多数相当满足于他们的事业、声誉和特权；其他的则放松了他们的儒家信条，以这样或那样的方式偏离了行为规范。在官员之下的是吏或胥吏，他们并不是官僚机构的一部分，却形成了自己的次官僚制（subbureaucracy），尤其是那些服务于当地政府部门的人。由于几乎无望晋身于官僚队伍，又主要被局限于现有职位，这些胥吏总是在寻找行政管理中的漏洞，由此得以从政府和普通民众手中攫取利益。如果没有理念型和弄权型两类官员活动的话，整个政府管理中的惯性将保持不受干扰。充满激情的官员富于理想，对整体改进感兴趣，寻求对官僚机构进行改革，有时也包括次官僚制，以作为实行他们的政策的必要步骤。弄权型官员富于野心，但对整体改进并不感兴趣，主要就他们的事业和个人兴趣来说，他们希望在官僚机构中获得权力和控制力。两

1　萧公权《中国政治思想史》第 2 编，第 143—197 页；狄百瑞《新儒家再评价》，第 110—111 页。

个群体，好的和坏的都发起了权力斗争，挑起了紧张的对立。

朝廷中权力斗争的主要原因是北宋政府的中央集权化趋势。其他起作用的原因有：来自南方的新官僚的崛起（或向上的社会流动），他们代替了北方大地主出身的官僚们；官员数量不断增长，荫补（即高级官员的家庭成员和亲戚）、有出身者以及其他候选人，都在竞争更好的职位；以及最后，不同思想流派和对政策事务的不同意见，助长了批评与弹劾之风，使得政治氛围中充斥着无休止的指控和反击。裙带关系、经常但并非总是基于政治见解不同而结成的私人党派、在政策事务上有严重分歧的派系之间的冲突，证明了这种权力斗争的紧张。另一个证据是大量的政治交流，数量之巨或许前所未有：论辩与弹劾奏疏的副本、有偏向性与指责性的公文、参与激烈争论的私人通信、肆意诽谤甚至捏造的非正式著作。它们大多或非正式地通过社会交往，或蓄意地作为政治武器，或商业性地在渴求新闻与流言的圈子中到处流布，尤其是在京城和其他大城市。[1]

士大夫阶层获得前所未有的声望，是宋帝国的辉煌成就之一。然而，这既没有消除专制，也没能阻止其缓慢地得到增强，尤其

---

1 刘子健《梅尧臣》。

是到北宋末期。事实上，在高级官员不断增长的权力——皇帝必须让渡一部分权力给他们——和皇帝自身小心维护的终极权力之间，始终存在着紧张的关系。官僚之间的权力斗争变得越激烈，他们依赖于皇帝支持，其行为被皇帝周围和内廷之人所掌控，由于有意或因环境所迫，从而助长专制主义增强的可能性就越大。专制主义的增强转而又在很大程度上迫使官僚主义趋向同一性。长期来看，专制主义与同一性使得官僚阶层更加顺从。

经济方面，官僚拥有法律赋予的纳税与服役的豁免特权。他们中的一些人超出了这些权限，在地方官和胥吏的纵容下进一步逃避税收、贪污。任何旨在改善紧张的政府财政的国家政策，都不可避免地会以某种方式影响所有官僚的私人利益，如特权或权力的滥用，无论他们是大地主还是小地主。

货币经济和贸易活动的增长在官僚中造成了更深的分裂。少数机敏的人更适应这些发展，寻求在政府财政中引入新的特征，比如用货币交税，政府在贸易方面进行运作，限制大商人的活动。大多数人限于官僚机制的惯性和正统的儒家思想，反对这些新特征，并主张政府不干预贸易活动的传统政策。一些官僚从消费者的观点出发反对垄断商人，其他一些则对商人比较友善——他们或是出于从家庭背景而言与商人没有直接联系，或是通过私人的贸易活动拥有直接利益。

　　在这种复杂的政治局面以及相关的社会和经济局势下，王安石出现了。他的思想与行动，回应了他所处的政治环境。他的新政设想改善政治环境，但其施行却不可避免地受制于它，同时关于新政的争论进一步增加了复杂性。因此，根据政治思想、政治行为和政府运作来分析王安石及其新政，将十分有助于弄清王安石时代牵涉的复杂的政治局势，尽管整个图景的很多方面肯定还没有被充分挖掘。

王安石与北宋的政治思想

早期新儒学的多元化

王安石既是一个非凡的政治家，也是一个杰出的思想家。在以许多新兴儒家学者的新思想为标志的酝酿期中，王安石出现了；而他的思想，也必须放在他的前辈与同辈的背景下予以考察。

宋代的儒家学者相信，他们达到了儒家思想最优秀传统的新高度，超越了汉唐时代的成就。这种信心并不是没有事实依据的，因为他们确实努力开拓了新的境界，钻研出新的深度，引入新的内涵，提出新的阐述方式——尽管所有这些，只是相对于儒家传统的大框架来说是新的——所以被称为新儒学。北宋时期，早期新儒学呈现出显著的多元色彩，表现为几种不同的趋向。虽然当时所有的儒家有一个基本的共识，但他们发展出了不同的阐述方式。虽然对相同范围内的主题感兴趣，但他们经常在侧重点和解释上有所不同。虽然他们都致力于道德社会是政府的终极目标这一使命，但他们主张实现这一理想的途径却不相同。在不同的学派中，何者应被接受为正统的争执逐渐出现。

在这种多元化中，王安石的思想占有显著的地位，但在艰难而激烈地争夺正统地位的过程中，它最终遭遇了一场几乎是彻彻底底的失败。尽管在一段时期内它影响巨大，尤其是在王安石掌权时期，但因为试图达成其目标的变法的失败，因为不断增长的党派攻击和政治反对，以及最终因为后来那些名义上宣称忠心拥护但从未认真执行它的原则的追随者的卑劣德行，它很快便名声扫地。到了南宋，它几乎作为偏离儒家思想的不合理的分支而被清除，而其他许多反对王安石的人的思想与学说，被尊崇为新儒学正统的奠基者。

要公平地看待王安石的思想，我们必须回到北宋时期的多元主义，将之作为其中的一部分。这种多元主义可以用两种方式进行简略的描述：其一，从思想的独特趋势来看，其二，从政治理论发展和不同学派兴起的演化过程来看。而它们之间的冲突，不止是在思想方面，也表现在政治行动上。

早期新儒学存在三种不同的趋向。第一种按萧公权提出的说法，指向功利主义政治理论。甚至在王安石出现之前，它可能是最有活力和最为明确的一种趋向，而王安石将之推向了顶峰。[1]它首要关注的问题是有关治国之道的紧迫任务：财政政策、经济举措、国防、有效的行政体系以及其他实际问题。它直接回应了政府的财政紧张，不断扩大的乡村贸易，国家军事力量的衰弱和官僚主义在应付这种局面时的明显无能。

第二种趋向将根本的侧重点放在个人道德和对于自我实现（self-realization，成己）价值的深刻信念上。虽然它绝非完全排除功利的考虑，但它强调道德原则至高无上，且必须被严格遵守。它并不否认存在着紧迫的问题，但坚持寻求合理的解决方案，避免采取草率和欠考虑的措施。治国最基本的条件是道德领袖和正直官员的影响。只有这些条件才能从长远上导向谨慎制订合理的政策及忠实执行。

第三种趋向侧重点相同，但又更上了一个台阶。区别在于它发展出道德主义的形而上学基础，大大强化了道德价值比功利主

1　萧公权《中国政治思想史》第 2 编，第 143—145 页；钱穆《宋明理学概述》（一），第 2—25 页；何佑森《两宋学风之地理分布》，第 352—360 页。例如，哲学家周敦颐作为一个学者的名声就远逊于王安石，见蔡上翔《王荆公年谱考略》卷 8 第 9 页及《杂录》卷 1 第 7—8 页。

义价值更加重要的信念。后两种趋向相互关联，最终在南宋合流，建立了新儒学的正统。

　　早期新儒学的基调是多元性而非正统性。更具体来说，可以指政治理论发展成独立的学派，在实际上又变成思想和政府政策都存在严重冲突的政治派系。其演化过程经历了三个阶段：初始阶段、发展阶段和冲突阶段。三个阶段在一二十年内迅速接续，经常还有重叠。

　　初始阶段始于真宗在位的稳定统治时期（997—1022），早期新儒学怀抱政治理想，心怀天下，横空出世。其先驱胡瑗（993—1059）和孙复（992—1057）与其说是高级官员，倒不如说是典型的职业教师。他们的政治理想，有限地表现于1043—1044年间由范仲淹（989—1052）领导的宋代的第一次改革。胡瑗在长江三角洲地区的湖州进行教学，加强了经典解释与其直接应用于治理国家现实问题之间的联系。他的贡献主要在于这一整体观念的推广，促进了全国各地的大批学者讨论政治理论。[1] 他自己并

---

[1]　张家驹《宋室南渡前夕的中国南方社会》，第39—40页；钱穆《宋明理学概述》（一），第1—8页；武内義雄《宋学の由来及び其特殊性》，第15页。根据朱熹的说法，胡瑗教学方法的细节不再为南宋学者所知（见《朱子语类》卷129第7页）。胡瑗和孙复这两位学者在庆历新政中发挥的作用，参费舍尔（Fischer）《范仲淹（989—1052）：一位中国政治家的传记》和刘子健《宋初改革家：范仲淹》。

没有建立任何特定的学派。另一方面，孙复则在山东创立了一个独立的思想流派，其影响随着弟子在黄河两岸教学而扩大。他的学派强调形而上学以《易经》为基础，适当的地位、正确的关系和道德的自我实现则基于另一部经典《春秋》。[1]这些着重点引导孙复之后的北宋学者进一步在形而上学或道德哲学领域——常常是两者兼具——有所发展，并坚信这些比追求功利主义政策更为重要。

发展阶段有两个显著的特色。第一是学术标准的提升和学术综合性的增强。这在令人震惊的典范欧阳修（1007—1072）身上有最好的说明：在他活跃的政治生涯中，他也在学术追求的诸多领域下功夫而成为备受尊敬的权威，从而使自己与众不同——经典、历史、政治理论、诗歌、散文，甚至还有如考古等相当数量的专门领域。他的许多思想成为受其影响的后来者阐发各种政治见解的出发点，从而促进了时代的多元性。他的人格使他的影响更加巨大，因为他十分乐于荐拔许多有前途的年轻学者，而这些

1　牟润孙《两宋〈春秋〉学之主流》，第 113—117 页；武内義雄《宋学の由来及び其特殊性》，第 27—30 页；何佑森《两宋学风之地理分布》，第 347 页。胡瑗和孙复相互不和（见《朱子语类》卷 129，第 6—7 页）。

人相继在许多方面力求达到更高的标准。[1]这一时期的第二个特色是非传统理论的出现。非传统理论的典型代表是李觏（1009—1059），他与欧阳修、王安石一样来自江西。尽管李觏也阐发道德——此点对北方的学者有相当影响，但他因为强烈的功利主义观点而引起南方一些学者的格外注意。比如，李觏将《周礼》视作概述政府最佳原则的经典。他坚持认为，其中一些原则应该被用于"富国强兵"的目的，这一目标通常被传统的儒家学者视作法家学说而遭到反对。这种功利主义观点是激进的，对王安石有巨大的影响，而王安石比李觏更加尊崇《周礼》。我们在下一节还将回到这一重要观点。然而，这里有必要指出，王安石并没有全然追随李觏。比如，李觏反对孟子，因为他认为孟子在重新提出或重振古代制度的方法上有很多错误的见解。但王安石因其功利主义立场而高度尊崇孟子，因为孟子相信人民的经济福利是非常重要的，道德不可以脱离经济繁荣而存在，对良好的社会秩序来说，两者都是必不可少的。[2]显然，在思想的普遍多元主义之下，

1　钱穆《宋明理学概述》（一），第 9—12 页。萧公权《中国政治思想史》第 2 编，第 145—149 页；《续长编》卷 237，第 8 页。

2　諸橋轍次《儒学史上における李泰伯の特殊地位》。1074 年，李觏的著作在其死后由变法的领导者进呈给皇帝（见《续长编》卷 254，第 9 页）。

这一特殊的趋向从胡瑗，经由李觏，再到王安石，获得了显著发展。总体来说，胡瑗促进了将经典应用于实际事务。李觏以一种强烈的功利主义阐释，特别提倡了某一经典的应用。王安石则更进一步，阐释对象包含了其他一些经典，更加强调功利主义的价值。

演化过程的第三阶段，也是最后一个阶段，是冲突。它发生于王安石当政时期。当时出现了四个思想流派，他们彼此强烈反对，其分歧因地域之争、社会经济背景差异和政治迫切性而更加复杂和恶化。

王安石是新学的领袖，其名称来源于他的新政。这一学派的大多数追随者来自江西和福建。周藤吉之和其他一些学者的研究表明，他们通常出身于成功的农民家庭，官僚背景相对来说起家较短。[1] 在此学派中，功利主义趋向达到了顶峰。

第二个学派是朔学，朔是指黄河以北地区。它拥有最保守的学者和政治见解。它认为道德领导是政府的基本原则，通常当道德领导贯彻到现有政策或者政治和经济体制中时，局面会有显著改善。他们坚定不移地反对新政，因为对他们来说，新政意味着

---

[1] 何佑森《两宋学风之地理分布》，第365页；青山定雄《五代·宋における江西の新興官僚》，第24—27页；周藤吉之《宋代官僚系と大土地所有》，第7—96、144—152页。

漠视道德领导和对旧有稳定秩序的不合理干扰。

　　第三个学派是洛学，名称来源于其据点洛阳——该城以贵族传统而闻名。它在西部的陕西省有另一个中心。换句话说，其地理基础紧邻黄河。其中的一些领袖在南方接受早期教育，大量追随者更是直接来自南方，整个学派与新学享有一些共同的基础和理念，但它并不完全赞同新学的方法或侧重点。洛学鼓励将形而上学研究纳入自我实现之中，在本质上这是将形而上原则具体化，并将之转化为道德品质。它认为，这种自我实现将在获得良好的社会秩序与政府时自然表露出来。尽管此一学派成为南宋新儒学正统的先驱，但在它自己的时代，相对于其他学派并没有取得绝对优势。由于偏重形而上学，它的许多成员没有积极参与政治。他们一般与朔学的成员站在同一阵营，但他们并没有后者那么保守。[1]洛学从根本上反对新政，因为它认为新政误入歧途，又让大量不道德的小人掌权。

　　因此，大致说来，洛学和朔学同属北方的保守主义阵营，但同时要了解到，后者更典型地代表北方，不仅在地理意义上，也

28

1　萧公权《中国政治思想史》第2编，第181—189页；何佑森《两宋学风之地理分布》，第352—353、374页。

在当时"北方"一词的政治和思想内涵意义上。

　　第四个也是最后一个学派是蜀学，蜀是西南四川地区的名称。其道德哲学有佛教影响和道教浪漫主义的痕迹。它的政治理论更注意于其论辩之才而非系统深度。所有这些特征都可以追溯至欧阳修。尽管该学派的成员也与保守主义者一同反对新政，但往往更为温和。他们部分赞成政府政策强调功利主义一面的必要。但他们不赞同激烈或是根本的改变，或者说，不经过仔细斟酌，没有品行良好的人去执行，就不应改变。另一方面，该学派的许多成员批评北方的学派武断地走向另一个极端。[1]这种批评并不单纯因政治观点的不同而产生，它也源于自我实现理念上的根本区别。自我实现，对于该学派在道德哲学方面的领袖如苏轼来说，应该包含自然人性，有些类似于道家的精神，以作为对自以为是、教条主义的僵化和过度严苛——这些经常使得领导者脱离普通民众——的平衡。但是在反对新政和批评北方的保守主义的同时，温和派很少能提供具有建设性的备选方案，而倾向于吹毛求疵。既然这一学派在政治和学术上都是少数派，舞台中心则主要是围

[1]　萧公权《中国政治思想史》第2编，第170—178页；钱穆《宋明理学概述》（一），第22—33页；林语堂《苏东坡传》；武内義雄《宋学の由来及び其特殊性》，第27—28页；《朱子语类》卷129，第7页，卷130，第14—19页。

绕新学和北方保守主义者之间的冲突。

　　在我们继续深入讨论变法派和保守主义者之间的具体区别之前，对早期新儒学的多元主义下一结语是合适的。无论这四个学派的领袖们在对儒家经典的解释上有多大差异，他们都是严肃的学者。不管他们的政治理论如何冲突，他们中的大多数人都忠于各自的信念，即认为政治原则普遍优先于私人利益的考虑。见解的不同并没有妨碍他们大多彼此尊重，尽管在许多情况下确实导致了彼此不合甚至是个人攻击，质疑政敌的道德立场是否真的配得上是一位儒家学者。

　　领袖们绝非完美无瑕。虽然中国的历史学家传统上尊称他们为"有道德的人"（君子），但如宫崎市定所指出的那样，他们的实际行为，在很多方面，无疑达不到这一称谓理论上所包含的理想标准。但公平地说，至少他们中的大多数是正直的，保持高度的个人操守，严格遵守儒家德行。[1] 尤为重要的是，他们显示出与各自理念一致的值得称道的政治理想主义。在一个儒学的光辉时代，这些都是不同学派的士大夫领袖共同的令人尊敬的品质，尽管他们中间存在分歧。这些品质使他们被划分为理念型官僚，远

30

1　宫崎市定《宋代の士風》，第139—169页；刘子健《范仲淹、梅尧臣与北宋政争中的士风》，第104—107页。

胜于一般的仕进型官僚。无论这些仕进型官僚碰巧宣称的政治理想是什么，他们通常将之置于私人利益和个人所得之后。[1]

变法派与保守主义者的分歧

由王安石领导的南方变法派和激烈反对新政的北方保守主义者之间冲突的根源，在于他们政治理论的分歧。但是，与这种意识形态的分歧相关，还有许多其他因素倾向于将他们区分开来。因此，对于他们各自的宗教、社会政治和经济背景差异，也需要予以关注。

两个集团的政治理论差异，至少产生了三种与儒家经典阐释相关的理论问题。首先同时可能也是最重要的问题，涉及《周礼》和《春秋》的对立。问题是，在这两种经典中，哪一种作为政治原则的基础更有价值。在中国历史的不同时期里，《周礼》曾与几次改革的尝试和改革运动有着引人瞩目的联系。最早的例子是它对两汉之际的篡位者王莽的影响。最近的例子则是 19 世纪中叶的太平天国运动。该书也对王安石的政治思想及其新政的系统

31

1　刘子健《宋初改革家：范仲淹》，第 126—130 页。

阐述有重大影响。在所有这些例子之中，《周礼》都发挥了深刻的影响，主要是由于其乌托邦性质。《周礼》通过展示国家领袖在建立一系列政治、经济和社会制度方面的积极领导来颂扬古时的周朝，这些制度规范了人民生活的各个方面。这一完美秩序的高度理想化图景，为那些尝试抛弃现存制度而代之以新制度的人提供了灵感来源和理论依据。就在王安石成为著名士大夫之前不久，李觏已经呼吁要注意该书的重要性。如我们之前提到的，李觏赞成将《周礼》概述的原则应用于"富国强兵"，他相信这一点对宋朝来说是紧迫而必要的。王安石同意李觏的看法，认为《周礼》不仅描述了许多理想的制度，也提出了有关政府角色的最佳见解。但王安石的重点与李觏不同，相比于军事力量，他认为政治秩序、财政政策和经济福利更为重要。然而王安石对《周礼》的全面信赖遭到了保守主义者的反对。对保守主义者来说，该书中所描述的古代制度，既不能被充分理解，也不适用于当前局势。[1] 而当王安石将自己对《周礼》的阐释作为官方考试的标准版本，并由此强迫大批有抱负的士大夫接受时，保守主义者大为光火。

32

---

1 《临川文集》卷 84，第 10—11 页；柯昌颐《王安石评传》，第 216—238 页。洛学尽管也是保守的，但在重视研习《周礼》和《孟子》的巨大价值方面，与朔学是不同的。

保守主义者对王安石将长期以来作为一个专门研究领域的《春秋》从国家考试中取消同样感到愤怒。对于在此方面继承了孙复和欧阳修的保守主义者来说，《春秋》是指导政治行为的主要经典。它为通过孔子本人肯定的道德原则来评判行为树立了典范，而这些道德原则被认为是万世通用的，是普遍真理。[1]但王安石及其追随者反对这一点。一则著名的、被归于王安石但可能出于其敌人的话，是说《春秋》看起来像是"没有价值的政府公报的零篇断简"（断烂朝报）。王安石实际是否说过这句话是值得怀疑的，但可以肯定的是，王安石确实没有将这部书当作特别好的史书，因为其中没有包含足够的信息。至于许多儒家学者宣称的衍生自"春秋笔法"的道德原则，经常因为没有十分可靠的注释而变得令人疑惑。[2]

1　牟润孙《两宋〈春秋〉学之主流》，第170—172页；諸橋轍次《儒教の諸問題》，第145—160页；武内義雄《宋学の由来及び其特殊性》，第27—30页。又见柯昌颐《王安石评传》，第230—236页。

2　指控王安石视《春秋》为"断烂朝报"，是有些夸张，但并非全无根据。蔡上翔为王安石辩护而言过其实，柯昌颐和威廉森则遵循了蔡上翔的说法。见蔡上翔《王荆公年谱考略》卷11，第3—22页；柯昌颐《王安石评传》，第230—234页；威廉森《王安石》第2卷，第313—316页。确实，王安石在他的文章中有时会提到《春秋》，还是会对其给予应有的尊重，甚至还为《左传》作注。但是，说到底，王安石确实对《春秋》和三传抱以严重的怀疑，见《临川文集》卷72，第1—5页；杨希闵《王荆公年谱考略附存》卷2，第22页；《续长编》卷247，第11—12页。

《周礼》与《春秋》的对立问题，远不仅仅止于两种资源相对的优点或者特定注释的可靠性之间的争论。对于《周礼》中原则的尊重，导向这样一种理论：一个坚定有自信的政府应当建立各种制度（system），以规范人民的生活，从而实现道德社会。这些管理体系是什么？如果我们允许自己自由使用现代社会科学术语的话，那就是体制（institutions），主要是控制官僚的政府体制和塑造人们行为模式的由政府主导的体制。王安石明确认为，相比于道德的自我养成（修己），即个人或内在的个体控制，体制的或从外在对人们道德生活的控制即使不是更重要的话，也是更为有效的。因此，他将政府体制的变革作为首要目标，尽管最终目标仍然是伦理价值可以完全实现的儒家理想的道德社会。从这个意义上讲，王安石是一个体制改革者，但仍然在儒家传统之内。

相反的，尽管保守主义者承认现有的政府体制需要一定改进，但他们认为整体上还是可以接受且令人满意的。单纯的官僚机构的组织安排，尤其无助于政治制度。政府既不能通过过度干预来加强经济，也不能通过法制改善社会风俗。对保守主义者来说，必要的不是改革政府体制，而是使其更好地运转。他们对《春秋》的信赖，反映了通过道德控制政治行为以实现一个理想政府的政治理论。君子通过自我约束（克己），以自我实现（成己）的精神履行他们的政府职责。他们通过合理的政治举措和经济政策表现的自我实现，将提高民众的道德水准和社会风俗。因此，依靠道德领袖、榜样和影响的统治原则，是通向道德社会理想的真正途径。简而言之，保守主义者是彻首彻尾坚持伦理考虑的自我实现主义者。

《周礼》和《春秋》的对立引发了两派之间的第二个理论问题，即真正的政治才能（statesmanship）的本质问题。变法派如欧阳修一样，将政治才能视作符合儒家原则的处理国家事务的能力（经纶）。他们在道德所允许的范围内最大限度赋予功利主义效用以价值。保守主义者以此为颠倒是非。对他们来说，政治才能的基本原则在于"正名"。名隐含着身份地位：正名意味着在符合各自身份地位的礼仪中严格遵守各种关系。名不正，政治体制中就会缺乏道德行为与道德秩序，任何处理国家事务的能力也将倾向于采取回应紧急事件的权宜之计的形式，而非合适的政治才能。

第三个也是最后一个理论问题与《孟子》一书相关。自唐朝以来，对于此书是否应被尊为一部重要的儒家经典，许多学者之间便有不同意见。到王安石的时代，这一问题与变法派和保守主义者之间论战中的前两个问题相关。变法派视孟子为哲学家，孟子能认识到复兴古代周朝理想制度之必要——因此要改善现有体制；还强调政府在保障人民经济福利方面的作用——这是任何政治家都不应忽视的。有趣的是，在这些变法派之后很久，南宋的朱熹也尊崇孟子，但出于相当不同的原因。朱熹指出，孟子确实强调正义（义）远过于功利主义的益处（利）。这种解释可能接近于真相，就此而言，变法派乃是出于他们自己的倾向来解读《孟子》。另一方面，保守主义者在这一点上追随了李觏，即怀疑《孟子》是对儒家传统的悖离，可能也包含了这位哲学家的弟子们所带来的曲解。这种离经叛道和所谓的曲解，导致《孟子》在坚持严格的道德评判和恰当地位的原则方面显示出缺乏坚定性，因此容忍了相当数量的权宜之计。[1]

　　变法派和保守主义者的政治理论差异，不仅由于他们在儒学的渊源、教义与诠释上有所分歧，也由于各自背景方面的其他不同。宗教背景的差异可能对他们在政治理论方面的不同观点有所影响。道教在北方相当强大。道教的星象占卜与对《易经》的研

35

1　諸橋轍次《儒教の諸問題》，第145—160页。关于《孟子》的争论，见夏君虞《宋学概要》，第56—79页；晁公武《郡斋读书志》卷3a第9页、卷5c第28、45—46页，以及《后志》卷2，第1页。

习有极为密切的关系。道教与儒家的融合，明显体现在极受保守派尊敬的邵雍（1011—1077）的哲学上，在反变法阶段之初的领袖司马光的思想中也是显而易见。[1] 道教精神可能是导致保守主义者反对坚定自信的政府施政方针及其对惯常生活方式进行干涉的一个因素。

　　另一方面，佛教在宋以前的乱世中，在北方衰落之后，主要在南方维持住了它的势力。其最主要的组织中心大多位于南方城市，京城开封则是例外。[2] 来自南方的变法派，可能受佛教的影响更甚于道教。王安石即是如此。迄今为止学者的观点认为，王安石转向佛教是由于其子去世所带来的深切悲痛，尤其是在他从政治活动中引退以后，其时他完成了自己有关字源学的著作，其中借鉴了大量的佛教观念。[3] 但是，在王安石的青年时期，他和家人常常在祭拜祖茔时彻夜居于佛寺；在壮年时期，他也与一些有学问的僧人为友。实际上，他的佛教信念如此强烈，以至于他在朝

1　萧公权《中国政治思想史》第 2 编，第 168—170、178—181 页；以及陈钟凡《两宋思想述评》，第 9—19 页。

2　鈴木中正《宋代佛教結社の研究》。

3　《郡斋读书志》卷 1c，第 16 页；柯昌颐《王安石评传》，第 213—215 页；威廉森《王安石》第 1 卷，第 367、373 页，第 2 卷，第 54、201、250 页。

廷上公然宣称，佛祖或菩萨为众生献身的精神在某种程度上与儒家理想是一致的。[1] 退闲后，王安石在与吕惠卿的信中继续讨论佛教——吕惠卿是他从前的盟友，尽管此时他们已在政治上分道扬镳。[2] 他将自己在南京的地产捐给了佛寺[3]，又向皇帝进呈了两部佛经。[4]

正如通常所注意到的，王安石写了大量在精神和风格上类似于禅文学的诗。他有时将佛教口语引入到古典诗歌之中，如苏轼一般。王安石最有名的诗是《拟寒山拾得二十首》，其二已由威廉森翻译。这组诗中第九首的上半部分可能是王安石的佛教倾向和口语表达的一个更突出的例子：

有一即有二，

---

1 《续长编》卷 233，第 14 页，卷 275，第 11 页；《临川文集》卷 83，第 2—4、7—8 页。王安石与道教的联系相对不那么直接，见《临川文集》卷 83，第 5、8、10 页。关于王安石的诗及其与佛教的关系，见胡云翼《宋诗研究》，第 56 页；《临川文集》卷 3，第 15—30 页；威廉森《王安石》第 2 卷，第 292 页。又参芮沃寿（Arthur F. Wright）《佛教与中国文化：互相影响阶段》。

2 《临川集拾遗》（王安石著作的补充），第 37 页。

3 《续长编》卷 279，第 11 页；《临川文集》卷 43，第 22—23 页。

4 《临川集拾遗》，第 5 页。

> 有三即有四。
>
> 一二三四五，
>
> 有亦何妨事。

另外两首诗也体现了浓烈的大乘精神。一首是《题半山寺壁》之二，曰：

> 寒时暖处坐，
>
> 热时凉处行。
>
> 众生不异佛，
>
> 佛即是众生。

另外一首题为《梦》，更明显体现了大乘佛教的影响：

37

> 知世如梦无所求，
>
> 无所求心普空寂。
>
> 还似梦中随梦境，
>
> 成就河沙梦功德。

　　从以上以及他的文集中一些类似的诗歌当中[1]，王安石表现得洞穿尘世，却并不逃离尘世，而是以忘我的刚毅精神，超然而慈悲地投身其中，显示出大乘教义的特色。这里的讨论并不是意图展现佛教影响和变法派的政治思想之间的紧密关系。显然，无论是北方保守主义者还是西南温和派，都不可能没有受到佛教的影响；而在王安石以外的变法派那里，佛教的影响也可能是微不足道的。这一讨论仅仅表明，在平静、反对打乱自然或惯常生活方式的道教精神，以及富于怜悯之心和为众生献身的佛教精神之间，后者更可能为变法派所接受，因为它与他们的政治理论更一致。

　　变法派和保守主义者在社会政治背景方面也存在差异。到北宋中期，来自南方的进士和高级官员的数量开始超过北方。[2]变法派来自南方，较晚近才登上政治舞台，看起来明显急于表现，甚至要加强他们刚刚获得的权力。如聂崇岐和曾我部静雄的研究所揭示的，他们倾向于提倡更强烈的中央集权措施，同时支持政府更多地授权给官员。保守主义者在原则上反对这些倾向——尽管

1　《临川文集》卷 3，第 15—21 页；又见威廉森《王安石》第 2 卷，第 291—292 页。

2　周藤吉之《宋代官僚系と大土地所有》，第 9—76 页。

38　在实际事务中未必如此——并公开谴责变法派僭取权力。[1]南方的变法派，如周藤吉之和青山定雄的研究所显示的那样，通常出身于相对新近的显赫官僚家族。[2]作为官僚中的新鲜血液，他们倾向于引入改革。北方的保守主义者，其家族、亲戚和朋友与政府有长期的合作关系，可能更适应既有的官僚行为模式。

　　经济背景上的其他差异可能加深了变法派和保守主义者的分裂。首先，土地所有权因素毫无疑问是非常重要的。变法派主要代表了新兴中等地主和来自这类地主家庭但后来成为职业官僚的官员。在此意义上，他们的直系亲属不再拥有大量土地，现在主要的收入来源是他们的俸禄。这是王安石的家族背景。仅仅在他之前几代，他的家族才变得足够富裕，从而由自耕农升为地主。但是，王安石的父亲放弃了他在故乡的住所。要么是因为他的父

1　西顺藏《三人の北宋士大夫の思想》，第30—52页；曾我部静雄《宋代财政史》，第6—7页。关于王安石赋予官员更大权力并使之久于其任的有关"任官"的政治理论，见《临川文集》卷39，第83页，卷41，第5—6、8—9页，卷63，第73—74页。王安石贯彻这一理论的努力，被司马光斥为"侵夺其他官员的正当权限"（侵他官之权），见蔡上翔《王荆公年谱考略》卷9，第6—9页；梁启超《王荆公传》，第120—121页；柯昌颐《王安石评传》，第359—366页；威廉森《王安石》第1卷，第154—156页。

2　周藤吉之《宋代官僚系と大土地所有》，第9—76页；青山定雄《五代·宋における江西の新兴官僚》，第19—37页。

亲只留下很少或几乎没留下土地，要么是因为他的直系亲属在他
父亲去世后定居南京，由于住得远而没有从他们的土地上获得任
何收入，王安石抱怨说他们不得不完全依靠自己的俸禄。[1]尽管王
安石家现在更应算作职业官僚家庭而非中等地主，但他们仍然保
有其本来的社会经济地位，与那些在他们当地有相似出身的家庭
有友好的关系。[2]另一方面，根据周藤吉之关于土地制度的研究，
保守主义者本质上代表了北方世袭大地主的利益。这或许解释了
为什么像方田均税法这样的变法措施最初推行于许多大地主恣意
逃税的北方地区，也解释了为什么这些举措遭到来自北方的保守
主义者的强烈反对。[3]

39

1　《临川文集》卷 71，第 85—87 页；卷 74，第 18—19 页；卷 77，第 53 页。王
安石宣称其家庭完全没有土地。这可以看作一种轻微的文学上的夸张。事实是
其家庭的确严重依赖其俸禄。参蔡上翔《王荆公年谱考略》卷 4，第 14 页以下；
威廉森《王安石》第 1 卷，第 20、41 页。

2　周藤吉之《宋代官僚系と大土地所有》，第 86—90 页；青山定雄《五代·宋
における江西の新興官僚》，第 25—32 页。又见《临川文集》卷 88，第 45—47
页；卷 90，第 68—69 页；卷 92，第 77—80、84—85 页；卷 93，第 86—88 页。
最后一文附带涉及王安石与曾巩、曾布兄弟的家族关系。

3　张家驹《宋室南渡前夕的中国南方社会》，第 40—41 页；東一夫《方田均税
法の実施地域に関する考察》，第 193—194 页；周藤吉之《中国土地制度史研
究》，第 474—480 页。

第二个显著的经济因素是货币经济的持续增长。随着货币的使用在南方日益发展[1]，它更有可能影响到那里的变法派的思想。对于货币经济的认识与理解，明显进一步支持了国家财政的扩张、对地主与农民的贷款以及国家参与贸易活动这些政策。那么，最积极地制定和执行这些政策的两位王安石的亲密盟友吕惠卿和蔡确（1037—1093），都来自东南福建沿海著名的贸易港口——在早期西方文学中被称作"刺桐"（Zayton）的泉州——就不仅仅是巧合了。根据曾我部静雄、全汉昇和其他人的研究，我们可以看到，变法阶段的主要经济结果包括：第一，沉重的税收、增长的财政收入和国库盈余[2]；第二，货币量的适度扩张，而大量增发的货币又以财政收入的形式返回到政府手中；第三，随着货币流通的适度增加带来的通货膨胀趋势，物价出现通货紧缩性下跌，农业的丰收尚不足以补偿。[3]这些状况，加上国家本身参与多项贸易活动的

1　全汉昇《中古自然经济》，第170—173页；全汉昇《唐宋政府岁入与货币经济的关系》，第189—221页；王志瑞《宋元经济史》，第1—11页。

2　曾我部静雄《宋代财政史》，第30—37、68—69、153—161页；全汉昇《唐宋政府岁入与货币经济的关系》，第189—221页。又见梁启超《王荆公传》，第114页；柯昌颐《王安石评传》，第61—65页；威廉森《王安石》第1卷，第113—120页。

3　全汉昇《北宋物价的变动》，第357—375页。

事实，对商人来说是不利的，他们可能比未变法时赚的少得多。[1]

保守主义者从他们的角度出发否定货币经济。他们不仅在政 40 策层面上，也在理论层面上反对国家财政的扩张和国家介入贸易活动，谴责这些逐利的举措有违儒家思想。[2]然而反对派也并非全然免于私利。全汉昇已经揭示出一些其家族长期居住在京城开封的保守主义官员和那里的商人之间的联系。[3]因此，反对派可能反映了当货币经济因素进入国家政策时导致自身利益被削减的商人们的反对意见。

不管怎样，对于为什么变法派支持政府积极参与土地经济和货币经济，而保守主义者支持同以前一样将经济体系主要掌握在地主和商人手中，他们经济背景的不同是具有一定道理的解释。但是，在目前的研究状况下，有关这些背景因素和变法派与保守

1　式守富司《王安石の市易法》，第 24—27 页；全汉昇《北宋汴梁的输出入贸易》，第 272—274 页；曾我部静雄《宋代财政史》，第 22—27 页。

2　关于保守主义者的批评和王安石的反驳最方便看到的例子，见梁启超《王荆公传》，第 111—112、121—122 页；柯昌颐《王安石评传》，第 67—68、84—87 页；威廉森《王安石》第 1 卷，第 105—106、162—163 页。

3　全汉昇《北宋汴梁的输出入贸易》，第 273—274、296—298 页；全汉昇《宋代官吏之私营商业》，第 204—248 页；陶希圣《北宋初期的经济财政诸问题》，第 85—86 页；王毓铨《北宋社会、经济与政治》，第 584 页。又见《续长编》卷 262，第 30 页。

主义者之间政治理论差异的关系的结论，只不过是种假说。这些假说的提出，是希望它们可以激发进一步的研究。

王安石的政治与经济理论

为了避免过度重复那些可以从有关王安石的先行研究著作和其他众所周知的资源如萧公权《中国政治思想史》中得到的内容，这里的讨论将限于从一些最突出的主题概述王安石的政治与经济理论。

41 **关于人性与风俗。** 作为其政治思想的哲学基础，王安石相信，人的本质（性）本身没有善恶，与人的情感（情）密不可分。用他的话说：

> 性者情之本，情者性之用。故吾曰性、情一也。……盖君子养性之善，故情亦善；小人养性之恶，故情亦恶。（《性情》）[1]

---

[1] 《临川文集》卷 67，第 53—54 页；威廉森《王安石》第 2 卷，第 325—327 页。此处及下面其他马上要提到的这些内容，表明威廉森已经翻译了相同的段落，尽管许多不一定是直接对应的章节。他的翻译通常过于随意，有时又不准确。（译者按：此处列出所引王安石原文的篇名出处，下同。）

人性的发展和情感的控制很大程度上依赖于风俗，风俗为道德生活实施了必要的制度性控制。王安石说：

> 圣人上承天之意，下为民之主，其要在安利之。而安利之要不在于它，在乎正风俗而已。故风俗之变，迁染民志，关之盛衰，不可不慎也。(《风俗》)[1]

王安石相信，所有的风俗在某种意义上都是强加在人民身上的限制，适当的行为准则或者说礼也不例外。尽管如此，适当的行为准则基本上与人性和人欲相符。因此，古代的哲学家荀子在这一点上是错误的：

> 今荀卿以谓圣人之化性为起伪，则是不知天之过也。……今人生而有严父爱母之心，圣人因其性之欲而为之制焉，故其制虽有以强人，而乃以顺其性之欲也。(《礼论》)[2]   42

风俗与政府准则。王安石相信，道德教育与影响是重要的。

1 《临川文集》卷69，第74—75页；威廉森《王安石》第1卷，第114—117页。
2 《临川文集》卷66，第40—41页；威廉森《王安石》第2卷，第335—338页。

"夫教化可以美风俗，虽然，必久而后至于善。"(《慈溪县学记》)[1]
与道德保守主义者不同，王安石主张政府应通过"法度、刑和政"
来发挥形塑社会的作用。"法度"一词字面意为"法律和举措"，
但它通常意味着治理与规范。因此，它可以被解释为由政府建立
的管理体系，对于行为有制度性控制的功能。王安石继续说：

> 是故先王之道可以传诸言、效诸行者，皆其法度刑政，
> 而非神明之用也。(《礼乐论》)[2]

王安石坚信，通过建立和加强各种制度性控制，政府可以将
国家治理好：

> 盖君子之为政，立善法于天下，则天下治……使周公
> 知为政，则宜立学校之法于天下矣。不知立学校，而徒能劳
> 身以待天下之士，则不唯力有所不足，而势亦有所不得也。
> (《周公》)[3]

---

1 《临川文集》卷 83，第 3—4 页。

2 《临川文集》卷 66，第 43 页；威廉森《王安石》第 2 卷，第 362 页。

3 《临川文集》卷 64，第 18 页。

王安石以为，政府未能如古代贤明的统治者颁布的规则所要求 43
的那样，在改善风俗上发挥作用。他在两份奏疏中都讨论到这一点：

> 今朝廷法严令具，无所不有，而臣以谓无法度者，何
> 哉？方今之法度，多不合乎先王之政故也。(《上仁宗皇帝言
> 事书》，又《拟上殿札子》)[1]

按照王安石的看法,《周礼》提供了政府建立的法度的最佳
例子：

> 士弊于俗学久矣，圣上闵焉，以经术造之……莫盛乎
> 成周之时，其法可施于后世，其文有见于载籍，莫具乎《周
> 官》之书。(《周礼义序》)[2]

但是，时代因素需要被纳入考虑。机械地模仿古代制度而不
适应当前情况将是一个错误。政府应该做的，是在同样的精神下，

---

1 《临川文集》卷 39，第 79 页；又卷 41，第 1—2 页。第一份引文为"万言
书"，翻译可见于威廉森《王安石》第 1 卷，第 48—84 页。瞿同祖教授的翻译有
相当大的改进，不久将可见于哥伦比亚大学狄百瑞编《中国传统资料选编》。
2 《临川文集》卷 84，第 10—11 页。

出于改善社会风俗的相同目标而设计新的制度：

> 今之人谔谔然求合于其迹，而不知权时之变，是则所
> 同者古人之迹，而所异者其实也。事同于古人之迹而异于其
> 实，则其为天下之害莫大矣。(《非礼之礼》)[1]

44　　当前国家所需要的，就是"变今之法而不失古之实"。对此，
王安石坚持认为，"此有道者之所能也"(《慈溪县学记》)。[2]

有关功利主义政策。王安石认为，古代圣人不仅重视道德行
为，也重视有益的结果。他说：

> 神之所为，虽至而无所见于天下。仁而后著，用而后
> 功，圣人以此洗心，退藏于密。及其仁济万物而不穷，用通
> 万世而不倦也，则所谓圣矣。(《大人论》)[3]

---

1 《临川文集》卷 67，第 51—52 页。又见《临川文集》卷 73，第 17—18 页；
威廉森《王安石》第 1 卷，第 367 页。

2 《临川文集》卷 83，第 4 页。

3 《临川文集》卷 66，第 45—46 页；威廉森《王安石》第 2 卷，第 340—342 页。
又见《临川文集》卷 66，第 46—47 页；威廉森《王安石》第 2 卷，第 344—345 页。

强调有益的社会结果的重要性不应与下述作为权宜之计的霸道相混。另一方面，王道绝对不排斥现实的考量。王安石认为，王道在根本上如其道德性一样具有功利性。他说：

> 其用至诚，以求其利，而天下与之。故王者之道，虽不求利，而利之所归。(《王霸》)[1]

因为坚信政府政策的功利主义取向，王安石反对仅仅且过于强调学习经典注疏、玄学和文章之学。[2] 他本人是一位著名的诗人，但他后悔自己在编选唐人诗集上倾注时间。[3] 他也没有将自己的研究和探询限于儒家著作，正如他解释的：

> 然世之不见全经久矣，读经而已，则不足以知经。故某自百家诸子之书，至于《难经》、《素问》、《本草》、诸小说

1　《临川文集》卷 67，第 52—53 页。

2　《临川文集》卷 41，第 8 页；卷 67，第 52—53 页；卷 71，第 94 页；卷 75，第 35 页；卷 76，第 39—40 页；卷 83，第 3—4 页。

3　《临川文集》卷 84，第 16 页；威廉森《王安石》第 2 卷，第 290—291 页。

无所不读，农夫、女工无所不问。(《答曾子固书》)[1]

这一段显示了王安石作为学者的博大胸襟，和他如何努力将儒家原则及其在现实问题中的运用联系起来。

关于法与官僚体制。王安石比保守主义的儒家学者更强调法。可以说，王安石的思想相对于多数儒家学者来说更接近法家理论。然而，王安石的基本侧重点，既不是法律，也不是法家以奖惩作为实现良好政府手段的理念。他著名的《万言书》不断地强调有能力的政府官员的根本重要性，以及如何训练他们（教之），如何通过支付较高的俸禄、运用合适的行为准则进行约束以及用法进行控制来培育他们（养之），如何从他们中选出最优秀的人（取之），如何赋予最优秀的人更大的行政权力（任之）。[2]

这份奏疏是一份概述一种官僚理想主义的杰出文献。官僚理想主义是指这样一种政治观念：它坚持由一个专业上训练有素、行政上控制有序的官僚系统作为主要工具，以努力实现儒家道德社会的理想。应该有良好的政府体制引导官僚的

46

---

1 《临川文集》卷 73，第 17—18 页；威廉森《王安石》第 1 卷，第 367 页。

2 《临川文集》卷 39，第 79—92 页；威廉森《王安石》第 1 卷，第 48—84 页。见第 121 页注 1。

行为，同样也要有良好的政府发起的体制来控制和形塑民众的
行为。

　　关于法律的问题，瞿同祖已经揭示出，自汉代以来所有的儒
家学者都认可法律的必要性，差异仅在于他们对于法律适用性的
解释和他们重视的程度。[1]佐伯富的研究表明，宋代的法律远比之
前的唐代严苛。此外，宋代政府致力于在特定的具有战略意义的、
敏感的或动荡不安的地区加强秩序——将这些地区指定为"重刑
区"，犯下相同的罪行，在这些区域所受的刑罚比在其他地区更
重。[2]因此，毫不意外地，王安石和宋代其他许多儒家学者比他们
的前辈更多地考虑到法律的重要性。但是，王安石不明白仅仅依
靠法律如何能带来一个好的政府：

　　　　致刑则刑重矣，而所治者少；不致刑则刑轻矣，而所治
　　者多。(《答王深甫书》)[3]

1　瞿同祖《中国法律与中国社会》，第 241 页以下。

2　佐伯富《宋代に於ける重決地分に就いて》，第 507—508 页。

3　《临川文集》卷 72，第 8—9 页，卷 39，第 80 页；柯昌颐《王安石评传》，第
43—47 页；荒木敏一《宋代の銅禁：特に王安石の銅禁撤廢の事情に就いて》，
第 24—25 页；佐伯富《宋代に於ける重決地分に就いて》，第 523 页。

作为一个儒家学者，王安石一再坚持"徒法不足以自行"这一名言。作为一个儒家学派内的官僚理想主义者，他高度重视行政管理人员。好政府的最终目的是民众的道德教育。从这一目的出发，王安石认为法律没那么有效：

> 或曰："法令诰戒不足以为教乎？"曰："法令诰戒，文也，吾云尔者，本也。失其本而求之文，吾不知其可也。"（《原教》）[1]

但是，王安石所说的教育的原则，并不像他的保守主义反对者那样，指单纯的道德教化的原则。个人的自我养成（修己）和自我实现（成己）是可取的，但并不足够有效。在王安石的教育原则中，明确包括法度，以提升民众的道德行为。

关于官僚的职能。毫无疑问，在王安石的思想中，官僚体制的进步是治国的重要任务。但是，他所持的理想官僚的标准与那些重视道德素质的保守主义者相当不同。他的观点是：

---

1 《临川文集》卷 69，第 69 页；威廉森《王安石》第 2 卷，第 372—374 页。

天下法度未立之先，必先索天下之材而用之；如能用天下之材，则能复先王之法度。(《材论》)[1]

在另一处，他说：

然则善吾法，而择吏以守之，以理天下之财，虽上古尧、舜犹不能毋以此为先急。(《度支副使厅壁题名记》)[2]

王安石觉得，官僚的主要毛病在于渴望成名，又缺少功利主义取向和实践能力。[3]士人的准备工作和科举考试的侧重都处于错误的方向：

然其策进士，则但以章句声病，苟尚文辞，类皆小能者为之；策经学者，徒以记问为能，不责大义，类皆蒙鄙 48

---

1 《临川文集》卷 69，第 21—22 页；威廉森《王安石》第 1 卷，第 330—336 页。(译者按：此文在《临川文集》卷 64。)

2 《临川文集》卷 82，第 93 页；威廉森《王安石》第 1 卷，第 86—87 页。

3 《临川集拾遗》，第 18—20 页。

者能之。使通才之人或见赘于时，高世之士或见排于俗。
（《取材》）[1]

王安石所需要的官僚，要长于阐释经典，善于将经典运用到
政府的积极作用中，擅长商讨政策、有突出的行政能力和富于法
律知识。政府的多元功能需要这些素质。

王安石确信，政府应该扩展其活动，与之相应便需要扩大官
僚系统。他的一份非常引人注目的声明如下：

官修则事举，事举则虽烦何伤？财费则利兴，利兴则虽
费何害？（《看详杂议》）[2]

关于国家财政。上文和王安石著作中的其他一些内容，表明
他确实对国家财政进行了大量的思考。值得一提的是，成功的财
政在儒家传统中是一个明确而次要的关注点。这一次要关注点的
著名鼓吹者是桑弘羊（前152—前80）和刘晏（715—780）。前者

----

1 《临川文集》卷69，第21—22页；威廉森《王安石》第1卷，第330—
336页。

2 《临川文集》卷62，第3—8页。

有时被视作法家，而后者的政策尽管有效回应了唐代货币经济的兴起，却很少被如此批评。[1]事实上，成功的财政受到王安石之前很多宋代政治家的注意，比如范仲淹，他领导了1043—1044年间的第一次改革。[2]王安石的杰出之处在于他的新的或者说不因袭守旧的儒家财政理论。他相信：

> 盖聚天下之人，不可以无财；理天下之财，不可以无义。……而轻重敛散之权不可以无术。（《乞制置三司条例》）[3]

良好的财政不只需要经济措施，如传统儒家所一直主张的，同样要有积极的步骤以提高国家财政收入、国家生产力和增加人民的财富。用王安石的话来说：

> 方今之所以穷空，不独费出之无节，又失所以生财之道

1　威廉森《王安石》第2卷，第233—236和240—242页载桑弘羊和刘晏各自的传记。又见全汉昇《中古自然经济》，第73—173页，有关刘晏对其时货币经济兴起的回应。

2　刘子健《宋初改革家：范仲淹》，第116—117页。

3　《临川文集》卷70，第81页；威廉森《王安石》第1卷，第118—120页。

49

故也。富其家者资之国，富其国者资之天下，欲富天下则资
之天地。盖为家者，不为其子生财，有父之严而子富焉，则
何求而不得？今阖门而与其子市，而门之外莫入焉，虽尽得
子之财，犹不富也。盖近世之言利虽善矣，皆有国者资天下
之术耳，直相市于门之内而已，此其所以困与？（《与马运
判书》）[1]

换句话说，王安石不认为政府应该向民众施压。政府最好
能够通过帮助民众提高生产力来增加财政收入。因此，政府所需
要的是一种可以扩大财政的体制，它可以扩大政府财政的范围
和数量，以刺激和促进经济增长，这样政府将最终能够从增长
的生产力中获得更大的份额，以及更大程度的整体繁荣。王安
石说：

是以国家之势，苟修其法度，以使本（农）胜而末
（商）衰，则天下之财不胜用。（《议茶法》）[2]

---

1 《临川文集》卷 75，第 33—34 页；威廉森《王安石》第 1 卷，第 87 页。

2 《临川文集》卷 70，第 79 页；威廉森《王安石》第 1 卷，第 300—301 页。

王安石认为，这种对国家财政的强调，与儒家原则毫不冲突，因为"政事所以理财，理财乃所谓义也"（《答曾公立书》）[1]。司马光谴责新政追求"利"，与"义"相违。王安石反驳称，"为天下理财，不为征利"[2]。

传统的儒家理论支持这样一种经济上的假设，即政府花费越少，民众将为自身保留越多。在静态经济下，可能确实如此。王安石建立了完全不同的经济假设，如果政府采取主动行动刺激生产力发展，尽管它比过去花费更多，民众仍然可以为自身保留更多。在动态经济下，这将是事实。

关于土地经济与贸易。王安石可以被视作一名重农主义者，跟所有儒家学者一样，倾向于重视灌溉，提高农业生产力，也赞同对商人而不是农民施以沉重的税务负担。[3]但他比其他许多儒家学者更进一步。出于他个人社会经济背景的反映，他强烈反对土地所有权的集中和财富聚敛在压榨农民的少数人手中。[4]这是他推行国家农业借贷（青苗钱），以使农民可以保有他们

51

1　《临川文集》卷 73，第 13 页；威廉森《王安石》第 1 卷，第 162—164 页。

2　《临川文集》卷 73，第 12 页；威廉森《王安石》第 1 卷，第 154—156 页。

3　《临川文集》卷 69，第 75 页；威廉森《王安石》第 1 卷，第 117 页。

4　《临川文集》卷 4，第 29 页；威廉森《王安石》第 1 卷，第 122 页。

的土地而不必向高利贷借款的部分原因。另一方面，在使政府成为贸易的积极代理人方面，王安石也可以被视作一类重商主义者，因此与保守主义者有根本区别。在王安石推行的纳赋与分销制度（均输法）下，政府省去了从征收地到应用地之间运输实物收入的麻烦。作为代替，在实物收入供应量超过其当地需求的时间和地点，政府只需在市场上销售，在需求超过其供应的时间和地点从市场上购买。因此，在另一项改革措施——国家贸易制度（市易法）——之下，建立了一个特殊的政府机构，直接从小商人手中购买其他供应品。这两个制度有双重目的：增加政府财政收入，稳定市场价格。王安石显然有兴趣实现一种扩张而稳定的经济。稳定的价格有利于消费者的利益，国家本身也是一个巨大的消费者，因为它需要用货币收入购买实物收入所不能提供的供应品。稳定的价格也符合像王安石自己这样的官僚的利益，他们是依靠俸禄收入生活的消费者，而非生产者。

王安石不赞成政府控制或干预所有的贸易，正是出于这一消费者的立场。比如，他反对国家控制茶叶，因为那会给政府带来许多管理上的困难，而且也会伤害到大量的茶叶商人（顺便一提，其中有许多来自王安石的家乡），消费者最终不得不支付更高的价格，得到的却是劣质的茶叶。[1]

王安石关于扩张国家财政的理论指引他制定了这些有关土地经济和贸易的政策。鉴于王安石的思想在很大程度上仍然扎根于儒家哲学，他未能发展出具有可操作性的经济理论，以直接处理许多具体的经济活动。事实上，他经常依赖于那些更熟悉实际经济状况的盟友的意见。

实践中的王安石的理论

王安石享有历史上极少数政治家才享有的罕见机会，可以将自己的许多想法付诸实践。从变法开始的 1069 年到他短暂从朝廷辞官的 1074 年之间，他享有宋神宗几乎毫无保留的信任。[2] 唯一

---

[1] 《临川文集》卷 70，第 79—80 页。参见吉田寅《北宋の河北榷盐について》，第 416—421 页。吉田寅关于王安石对食盐贸易和专营态度的讨论指出了这些经济问题的复杂性。王安石的经济思想仍有待于更明确的研究。

[2] 蔡上翔《王荆公年谱考略》附录卷 1，第 1—3 页；杨希闵《王荆公年谱考略附存》卷 1，第 6—8 页；梁启超《王荆公传》，第 101—102 页；威廉森《王安石》第 1 卷，第 174、234 页及第 2 卷，第 140 页。宋神宗与王安石大多数时候是一致的，但偶尔也有分歧（见《曾公遗录》卷 9，第 74 页）。

对他有所干扰的政治对立是台谏官员持续不断的批评，而他们在王安石的坚持下，陆续被降黜。[1]

政府主导改善风俗。王安石为自己定下的任务有四项："人材练，财用足，风俗变，政令行。"[2]其中，最为根本的，是通过由政府制定的法度改善风俗。王安石在与宋神宗讨论政策时反复用"风俗"一词作为主旨，显然在其影响之下，宋神宗也同样如此。[3]但是，在王安石的著作中，"风俗"一词的含义明显有至关重要的改变。在他掌权以前的作品中，该词指一般意义上的社会风俗。而在朝廷上的讨论中，所指的主要是官僚的实践与政治行为，换句话说，特指官僚整体的"政治风俗"。在他给宋神宗的大量上奏中，如下两篇尤为明显。一次，王安石就官僚中盛行的行为与态度发表评论：

　　　　风俗患不忠信、无廉耻至甚，如（常）秩美行，宜加崇

1　杨希闵《王荆公年谱考略附存》卷 2，第 12—13 页；《皇宋通鉴长编纪事本末》卷 63 第 1 页—卷 64 第 10 页。

2　《续长编》卷 221，第 17 页。

3　《续长编》，卷 213，第 3、6 页；卷 215，第 3 页；卷 221，第 17 页；卷 223，第 19 页；卷 224，第 10 页；卷 229，第 17 页；卷 234，第 16 页；卷 242，第 4、16 页；卷 263，第 24 页；卷 264，第 20 页；卷 275，第 12 页。又见第 135 页注 1、2。

奖。留之在朝，足以表励风俗。[1]

此论与保守主义者的信念完全一致。但是王安石不止于此。另一次，他讨论了改善官僚作风与"富国强兵"之间的相对重要性。

> 吴起（战国时人）所为（务在富国强兵），自非君子之道……然先王既修政事，足以强其国，又美风俗，使后嗣至于朝委裘、植遗腹而不乱。若不务以忠、信、廉、耻厚风俗，专以强国为事，则秦是也。不务修其政事以强国，而专奖节义廉退之人，则后汉是也，是皆得一偏而已。[2]

王安石的观点非常清晰。功利主义政策是迫在眉睫的任务，但如所有儒家学者相信的那样，道德进步仍然是终极目的。二者都是良好政府的必备条件，仅靠任意一点又都是不够的。事实上，王安石不断提醒宋神宗，尽管所有的新政都已推行，一项最根本的改革却尚待实施——即向更高的行为标准转变。[3]

54

1　《续长编》卷243，第10页。

2　《续长编》卷250，第12—13页。

3　杨希闵《王荆公年谱考略附存》卷2，第7—9页。

法度（regulatory systems）与法律（laws）。王安石与保守主义反对派在其他方面也有所不同。他坚持认为，期待向更高行为标准的转变不可能单纯通过道德教育实现。民俗的改善必须靠更有效的制度控制来约束。政府应该积极地参与建立各种法度以及颁布好的法律。这实际上也是上古圣王所为，而且完全不应与法家所特有的单纯强调法或主要依靠赏罚相混淆。[1] 事实上，从王安石掌权下的政府行为来看，更准确的说法是，改革强调对更好的行政管理制度而非更有效的法令的需求。在变法期间，政府会计制度进行了修订，编纂了四百卷的三司章程。[2] 官员被要求学习行政诉讼程序（刑名）和断案。[3] 政府还要求编纂新的法律汇编，但这一点没有被认为特别重要。[4]

55   关于法律的应用，王安石本人认为法典过于严苛，死刑使用过度。[5] 不可否认，在各项改革措施的推行过程中，许多违法者经常被依法惩处。但是这更多是由于官员们拒绝了以非法律方式进

1 《续长编》卷 215，第 3 页。

2 《续长编》卷 254，第 11 页；卷 265，第 73 页。

3 《续长编》卷 248，第 17—20 页；卷 251，第 4 页；《皇宋通鉴长编纪事本末》卷 75，第 13—17 页。

4 《续长编》卷 247，第 1 页；卷 247，第 5 页；卷 254，第 11 页。

5 《续长编》卷 214，第 17 页及以下。又见佐伯富《宋代に於ける重决地分に就いて》，第 522—530 页；《皇宋通鉴长编纪事本末》卷 75，第 17—19 页。

行劝诫的通常做法，而非由于新政或他们的目的。[1]还应注意到，在王安石首次辞官以后，吕惠卿接替了他，但吕惠卿从不讨论促进更好的行为习惯和良好社会风俗的长期目标。吕惠卿甚至没有在行政制度方面推行进一步的变革，而是直接把注意力集中在行政措施和法律上。[2]

将王安石归为法家是个见仁见智的问题。一些他的反对派把他同汉代的篡位者和改革家王莽相比，王莽由对《周礼》的不正确阐释而偏离了儒家学说。另一些反对派将王安石视作一个不折不扣的法家人物，在富国强兵方面遵循了韩非子和秦国商鞅的政策。[3]然而，这在当时是少数人的意见。对王安石和变法最激烈的攻击针对的是国家财政政策，将其视为逐利的行为。唯利是图又寡廉鲜耻的官员在执行中藐视民意，给普通民众带来了巨大的骚扰和折磨。很多反对派，比如司马光，仍然将王安石视作一个儒家学者——尽管误入歧途——而非法家。

后来是南宋的学者形成了这一结论，即王安石不是伪装起来

1　《续长编》卷 251，第 23 页；卷 252，第 2 页。

2　《续长编》卷 254，第 11、19 页。

3　柯昌颐《王安石评传》，第 302—303、339 页以下；威廉森《王安石》第 2 卷，第 1—5 页。

的法家，就是接近于法家。[1] 即使在那个时候，不完全赞同新政的
56 哲学家朱熹也表示了异议。[2] 此时，问题的关键在于术语的定义。
一些王安石的批评者宣称，王安石经常使用的"法"或者"法
度"，本质上指"法律"或者"法律和措施"，因此王安石应当
被归为法家。但是，将王安石著作和口头上奏中的众多段落置于
其语境中进行仔细检视时，很难将"法"这个词和"法度"这个
表达的含义限定在这一特定意义上。更具包容性的"管理体系"
（regulatory systems）这一翻译可能更接近王安石的本意。

富国强兵。孔子本人提倡给人民提供足够的食物，并有足够
的防御力量（足食足兵）。到19世纪末，许多儒家学者也都重视
这些需求。然而，即使不是全部，对大多数儒家学者来说，法家
过于强调追求"富国强兵"，又通过权宜之计而非道德政策以谋
求实现这一目标。这里的问题是，王安石在现实的行政实践中是
否朝着法家的方向发展。王安石赞同通过各种财政手段使国家富
强。[3] 根据他的财政扩张观念，政府大量投入以促进整体经济增

---

1 《郡斋读书志》卷1a，第12页。
2 《朱子语类》卷128，第18页。又见西顺藏《三人の北宋士大夫の思想》。
3 《续长编》卷214，第14页；《朱子语类》卷130，第2页；《皇宋通鉴长编纪
事本末》卷66，第1—7页。

长，反过来会使财政收入超过支出，则完全"不患财不足"。[1] 在新政之下，国家获得盈余资金，并用于资助额外的财政活动。王安石财政政策的根本目标，既不是农民的福利，也不是消除垄断性贸易利益，而是国家本身的财政安全。[2] 王安石认为，政府是最能代表国家全体的组织机构。因此，它的利益应居于作为个体的普通民众的利益之先。

　　尽管富国非常重要，但它只是王安石众多任务中的一个。改革官僚体制，以保证所有措施更好执行，并通过道德影响改善风俗，具有更基础的重要性而不可忽略。不幸的，现实是王安石无法为实现这些长远目标取得更多进展。在其他原因之中，宋神宗给王安石施加了相当大的压力，迫使他主要关注国家财政这一迫切问题——首先要消灭赤字，继而要满足日益增长的资金需求。[3] 王安石可能确实过于强调富国的目标，但这不完全是他个人的选择。

　　在强兵方面，宋神宗与王安石显然不同。宋神宗总是就军事

1　《续长编》卷 242，第 1 页。

2　曾我部静雄《宋代财政史》，第 153 页。

3　杨希闵《王荆公年谱考略附存》卷 2，第 7—9 页；曾我部静雄《宋代财政史》，第 24—25 页；聂崇岐《宋役法述》，第 213—218 页。

事务与部署问题提出讨论，他对帝国军事力量的衰弱相当敏感，迫切想要补救这一状况。[1] 王安石赞同以牺牲西部、南部和西南地区少数民族为代价来实现领土扩张的愿望。但是他反对攻击西北的西夏和北方的辽国。在宋神宗多次开始讨论军队时，王安石则提出，财力必须居于军力之先，内部改革必须优先于外部扩张。[2]

保甲法尽管意义重大，但对当时的政府政策来说，并非有时所认为的那么重要，也并非如一些解释所认为的，是征兵制度的前身。其最初施行原本主要是为了维持地方秩序和保护财产权。一旦组织起来，保甲法也促进了户籍调查和税务征收，还有助于消除逃税。保甲作为战时预备部队的作用不久就发生了，但这从未成为其主要功能。[3] 简言之，较之强兵，王安石更赞同富国。而这两者对于王安石的重要性，又不如官僚体制改革，以及官僚体

1 《续长编》卷 232，第 2 页；卷 236，第 26 页；卷 248，第 17—19 页；卷 254，第 9 页；卷 256，第 4 页；卷 257，第 12—13 页；卷 261，第 9—11 页；卷 266，第 6 页。又见赵翼《廿二史札记》第 266 页以及下注。

2 《续长编》卷 217，第 13—15 页，卷 220，第 15 页，卷 221，第 10 页；《皇宋通鉴长编纪事本末》卷 85 第 1 页—卷 88 第 12 页。

3 《续长编》卷 218，第 6—7 页，卷 233，第 6 页，卷 235，第 14 页，卷 246，第 13—14 页，卷 262，第 3 页，卷 275，第 3 页，卷 279，第 13—14 页；池田誠《保甲法の成立とその展開——王安石の政治改革の問題》；《皇宋通鉴长编纪事本末》卷 71，第 1—14 页，卷 109，第 1—8 页。

制建立法度以最终改善社会风俗的努力。在实践中，王安石基本上忠于他的理论——我们将之描述为一种理想主义的表现，即希望利用组织有序的官僚体制以实现一个道德社会。

第四章

新政与官僚的行为

低于儒家标准的官僚行为

尽管王安石强调经过改革的官僚体制是最基本的需求，因为所有其他改革措施能否成功在根本上都取决于此，却并非只有他看到这一点。众所周知的事实是，许多官僚的行为往往低于儒家标准。然而事与愿违，王安石改善官僚行为的努力，只取得了有限且值得怀疑的成绩。另一方面，旧有的痼疾又因新的并发症而雪上加霜。许多官僚的行为变得更加难以控制。庞大的官僚机构、严重的分裂和颓靡的士风，暴露了王安石官僚主义理想理论的致命弱点。在此状况之下，新政不可能成功或是持久。

尽管宋代的文官整体上维持在相当高的水准上，但如宫崎市定所揭示的，官僚中充斥着腐败和勾心斗角。[1] 宋代官僚的薪俸高于之前的朝代。地方政府官员的所得远低于身处京城的官员，他们的抱怨使得官田的分配有所增长，而其地租即是他们收入的一部分。[2] 但是，那些出身不富裕，或者没有私人收入的官员，经常会发现，他们的收入不足以负担不断增长的物价和不断提高的城市生活水平。[3] 苏轼直言不讳地宣称，官员无法过上体面的生活，不应发生在太平盛世。[4] 王安石对这一情绪也并非无动于衷。在变法期间，官员的薪俸有所提高。王安石明显希望通过推行这些措施提高官员的道德，减少贪污腐败。在他掌权期间，确实有可观的进步[5]，但随后不久，这些增长被反变法时期的物价增长，尤其是后变法时期弊政导致的通货膨胀抵消了。[6] 王安石政策所取得的

1　宫崎市定《宋代の士風》。

2　《续长编》卷 108，第 18 页；卷 110，第 3 页；《皇宋通鉴长编纪事本末》卷 42，第 13—16 页；赵翼《廿二史札记》，第 330 页。

3　宫崎市定《宋代の太学生生活》，第 638—645 页；宫崎市定《羨不足論——中国に於ける奢侈の変遷》，第 27—50 页；全汉昇《宋代官吏之私营商业》，第 202—223 页。关于常秩的例子，见《续长编》卷 245，第 8 页。

4　宫崎市定《宋代の士風》，第 163 页。

5　《续长编》卷 226，第 13 页。

6　全汉昇《北宋物价的变动》，第 388 页。

成就又一次化为泡影。

　　不道德的官僚因对他们的薪俸不满而转向腐败。这早在宋真宗时期就已经变得引人注目。[1] 腐败有多种形式。对于官员们来说，一种温和的方式，是为了他们的私人社交场合而使用办公经费和从役员那里征调供应。一场宴会，通常有表演者，往往要花费二十到三十贯。[2] 有时，官员们会将官银器作为抵押以向地方富户借贷。[3] 腐败的另一种形式是通过滥用官员的免检特权从事贸易。比如，苏轼在丁父忧返乡期间，即被查贩运盐、木料和瓷器。[4] 更严重的腐败形式，如全汉昇所指出的，是依靠官员的声望或依靠与商人营私舞弊的合作，利用私人资金或使用官钱进行定期贸易。[5] 当然，还有极其严重的腐败，比如，贪污和伪造办公账目，与大地主勾结以非法从人民手中获取千金之利，巧取豪夺他

61

1　宫崎市定《胥吏の陪備を中心として》，第15页。

2　《续长编》卷273，第7页；宫崎市定《胥吏の陪備を中心として》，第22—27页；宫崎市定《宋代の太学生生活》，第103页。

3　《续长编》卷236，第6页。

4　《续长编》卷213，第9页；卷214，第8页。又见《宋稗类钞》卷4，第30页。

5　《续长编》卷252，第3—4页；全汉昇《宋代官吏之私营商业》，第248—252页。

人财产。[1]这些不良行为，以及他们对儒家标准的漠视，为那些在变法之初没有很多土地的南方官僚家庭何以到北宋末期明显成为大地主，可能提供了一种解释。[2]对于官僚主义失范最坦率的自白来自邓绾，一个名义上属于但实际不够格的改革追随者，他说："笑骂从汝笑骂，好官须我为之。"[3]

王安石是一位理想化的士大夫，律己甚严。他过着简单朴素甚至与世隔绝的生活，显示出佛家自律、禁欲理想的影响。[4]在支持提高官员薪俸以使其有足够的收入而不致沉湎于财务欺诈的同时，他也削减了办公经费，使得自我放纵的官僚们非常不满。[5]然而，王安石对腐败的打击，并非完全没有偏见。他为了轻微的过失而批评苏轼等政治对手，但在寻找有行政能力的追随者时，他经常对他们错用其才以自肥的可能性视而不见。[6]王安石的主要精力集中在

1　《续长编》卷 251，第 18 页，卷 218，第 5 页；《朱子语类》卷 129，第 9 页；宫崎市定《宋代の士風》，第 151—152 页。

2　周藤吉之《宋代官僚系と大土地所有》，第 77 页。

3　《续长编》卷 216，第 2 页。

4　《朱子语类》卷 130，第 4 页。

5　宫崎市定《胥吏の陪備を中心として》，第 20 页。

6　《朱子语类》卷 130，第 3 页；《续长编》卷 248，第 9 页，卷 253，第 10 页，卷 255，第 3—4 页。

政策事务上，可能没有觉察到，有些人在设法令其满意地履行公务的同时，也在不择手段地追求私利。在王安石退闲以后，高标准放宽，腐败增加。到后变法时期，渎职行为远甚于从前。就此而言，保守主义者责怪王安石没有对道德的自我修养给予首要关注，而为许多无耻官僚打开了权力之门，无疑是有道理的。

低于儒家标准的又一表现是十分过分的奸诈的政治手腕。对官僚来说，这是他们迎合上级、自居为其家臣或"门下客"的正常表现。一些过于积极的官僚甚至向那些掌权者的亲戚和朋友示好。[1] 又有人日日趋诣权贵之门，赢得了"游魂"的绰号。[2] 王安石对此类行为持批判态度。他拒绝接待那些凑上来祝贺他掌权的人，很少应酬，拒绝喝酒，也只有很少几位关系密切的朋友。[3] 这样，

1　《续长编》卷214，第13页。

2　《续长编》卷226，第7页，卷237，第6页；《宋稗类钞》卷2，第51页。

3　梁启超《王荆公传》，第236页；冈崎文夫《王安石内政総考》，第179—180页；蔡上翔《王荆公年谱考略》卷4，第7—8页。又见《临川文集》卷77，第52页。王安石有一位好友王逢原（令），其退居生活正是描述的这样，见郭绍虞《宋诗话辑佚》上卷，第7—8页。（译者按：《宋诗话辑佚·王逢原诗》原文作：王令逢原，［广陵人，既］见知于王荆公，［声誉赫然，］一时附丽之徒，［望风伺候，守牧冠盖，］日满其门，［进誉献谄，初不及文字间也。］逢原厌之，大署其门曰："纷纷间巷士，看我复何为？来则令我烦，去则我不思。"［意有知耻者，而干谒不衰。］）

王安石可能引起许多官僚的反感。另一方面，王安石又经常被不停与他讨论政府事务的下属所包围，因此阻止了其他人靠近他，也防止有人提到任何不利于变法的事情。[1] 王安石致力于改革官僚体制，却因此变得越来越孤立于大多数官员。

与寡廉鲜耻的官僚的翻云覆雨相比，溜须拍马不过是小毛病，而理念型官僚于此之中常常手无寸铁。比如，范仲淹的改革因他的数名追随者被迅即罢免而中止——他们被指控在一次酒宴上诽谤皇帝。[2] 王安石拥有皇帝对他的充分信任，这才幸免于此类攻击的可能。然而，王安石变法的决定性转折点，正如我们所看到的那样，是 1074 年他第一次辞官离朝，此次从权力中心跌落的一个促因是其自身阵营的运作——主要由吕惠卿所操控。曾布违背王安石的意愿，通过调查证实了市易法和免行钱在执行之中有不法之事。由于曾经在皇帝面前反复为这些措施辩白，王安石为此大失颜面。他指派站在自己一方的吕惠卿去进一步调查，希望弥补政治损失。吕惠卿则以此调查为武器，加剧了王安石和曾布之间的不和，而并非为王安石的政策失误完全撇清责任。随后不久，

63

---

1 《续长编》卷 251，第 23 页。

2 《续长编》卷 153（译者按，原误为卷 5），第 7—8 页；《朱子语类》卷 129，第 4—5 页；《皇宋通鉴长编纪事本末》卷 38，第 9—11 页。

王安石请辞，并推荐吕惠卿继任。吕惠卿一取得权力，立刻把曾布贬为地方官，不再善待王安石，并尝试将王安石的其他追随者拉拢到自己一边。但是他并没有长期掌权。当次年王安石还朝后，同样的运作由更小的角色如邓绾操控，造成了吕惠卿的垮台。曾布和吕惠卿都是有经验的行政官僚，他们从显要位置上被罢免，打破了变法集团的统一，使得新政只能交由能力更差劲的人手去实施。[1]

1　在王安石第一次离开朝廷以后，吕惠卿密谋削弱王安石的影响。当王安石重返权力中心后，他似乎对吕惠卿有所不满（见《续长编》卷 259，第 1—2、8 页；卷 261，第 9—10 页；卷 265，第 4、24—28 页；卷 268，第 4—8 页）。其他官员开始攻击吕惠卿（见《续长编》卷 264，第 20—22 页；卷 266，第 10—12 页）。受其亲属的腐败案件牵涉，吕惠卿被罢免出朝（见《续长编》卷 268，第 12—17 页；卷 269，第 3—8、12、16—17 页；卷 271，第 11 页；卷 275，第 7—8 页；卷 276，第 4—6、9 页）。吕惠卿离开不久，王安石以极高的荣誉头衔彻底退休（见《续长编》卷 280，第 5—6、22—23 页；卷 281，第 8 页）。

对于变法初期的另一亲密盟友曾布，王安石始终未曾原谅，因为曾布在关于市易法和免行钱的争论中驳斥了他（见《皇宋通鉴长编纪事本末》卷 72，第 1—14 页）。他拒绝在吕惠卿被免后召回曾布（见《续长编》卷 251，第 28—29 页；卷 252，第 1—2、11、19 页；卷 253，第 9 页；卷 263，第 28 页；卷 264，第 4、18 页）。因此，在丧失了数位盟友之后，王安石不得不依靠相对缺乏经验、又更不值得信任的下属，如邓绾。不久，他就对此感到后悔，见《续长编》卷 264，第 24 页，卷 266，第 16 页，卷 271，第 5 页；《皇宋通鉴长编纪事本末》卷 64，第 1—10 页。

在王安石退闲以后及后变法时期，类似的背叛事件屡见不鲜。吕惠卿信赖杨畏，后者不久即转向反对吕。曾布后来官复原职后不得不与蔡京分享权力，然而最后蔡京不但将曾布从权力中心踢出，更蓄意策划了一次对他贪污的诬告。[1] 对于王安石下台后尤其是后变法期间改革热情的消逝，此类政治倾轧难辞其咎。

由于多种原因，王安石与不道德的官僚行为的斗争在很大程度上失败了。同时，出现了新的并发症。王安石聚集了那些他相信有娴熟的专业能力提出和执行大量新政的官员。他的目标是以实用主义导向整顿官僚体系。在他为招募和重组官僚所做的努力之中，反对派谴责他徇私和有派系之见。

在宋代的文官体系中，作为一种惯例，通过在确定的任期内累积政绩的正常途径晋升，要比经高级官员特别举荐带来的晋升缓慢得多。通常，这种举荐基于对候选人真实的评价和官场上的共识。尽管如此，必然存在一定程度的偏袒情况。王安石自己的晋升便提供了一个典型的例子。他被一些高级官员反复举荐，包括一些保守

1　杨希闵《王荆公年谱考略附存》卷 1，第 33—35 页；《朱子语类》卷 130，第 12、28—29 页。

主义者和与他来自同一省份的欧阳修。[1] 这些推荐主要是基于王安石作为一个兼具儒家原则和实用主义政策的理想主义学者所广为人知的名声。尽管他的任职最初受到普遍好评，却也并非全然不靠私人关系。宋神宗身为皇子时的老师韩维高度称扬王安石。而韩家和王家都与吴充（1021—1080）家结成了姻亲关系。[2]

只要私人关系不是晋升的主要原因，更重要的是，只要举荐所依赖的真实的评价与大多数官员普遍的看法一致，就不会有徇私舞弊的指控。王安石在人事政策上被指控徇私，恰恰是因为官员中的主流意见不支持他对自己所推荐那些人的评价。经王安石举荐，韩维、其弟韩绛（1012—1088）和吴充都获得了高位。王安石的另一位亲戚谢景温被任命为御史，他帮助王安石将苏轼降职。[3] 此外，从王安石之学者和支持王安石之政治理论者，在太学和州学中被授予职位。[4] 反过来，这些人又明显偏爱有相似学术和

1 《续长编》卷237，第8页；蔡上翔《王荆公年谱考略》卷3，第3、7页和卷5，第7—8页；威廉森《王安石》第1卷，第23—29页；《临川文集》卷76，第42—43页。

2 《续长编》卷213，第4—5页。

3 《续长编》卷214，第8、13页。

4 《续长编》卷211，第5、10页；卷228，第56页；《临川文集》卷41，第12页；赵铁寒《宋代的太学》，第115—118页。

政治倾向的考生。[1] 正是这些事实，使得司马光谴责王安石"引援亲党，盘据津要"。[2]

平心而论，王安石的人事政策基于党派而非私人偏好，尽管反对派在这两者之间看不出区别。在变法之初，王安石推荐了许多一流的士大夫，因为他们受到民众的尊敬。但他们中的许多人拒绝与王安石合作。比如，王安石推荐了刘挚，但保守的刘挚变成了对王安石最严厉的批评者之一。[3] 随着时间的推移，王安石遗憾地表示，许多保守主义者，像在他掌权之前与他关系密切的吕公著，现在都拒绝加入他这一方或支持变法。[4]

王安石不一定更喜欢与他有私人联系的人。比如，当谢景温在政策问题上与他不一致的时候，他就罢免了这个亲戚。[5] 但他在推行大刀阔斧的改革方案时，遭到了大多数官员的反对，在这种情况下，他不得不越来越依赖那些支持他政策的人。然而不幸的是，这种对

1 《续长编》卷215，第4—16页；卷237，第16页。

2 《续长编》卷220，第5页；《皇宋通鉴长编纪事本末》卷64，第1—10页。

3 《续长编》卷220，第3页；对比《皇宋通鉴长编纪事本末》卷63，第1—14页。

4 岡崎文夫《王安石内政総考》，第186—187页；又见《朱子语类》卷130，第3页。

5 《续长编》卷219，第2页。

人事的依赖使得王安石越来越不能容忍批评者和反对者。有一次他
对神宗说，有才者若妨碍朝廷政策，"宁用寻常人不为梗者"。[1]

王安石否认自己及其同僚结成朋党。据他所说，他们是因思想
一致而合作。[2] 在选择用人上，王安石通常重视行政能力，有时也重
视政治手腕。[3] 但王安石的反对者们谴责他只推荐那些不道德的官僚
（小人），他们要么知晓如何为政府谋利，这与传统儒家思想相反；
要么知晓为自己谋利，这就更糟糕了。这可能言过其实。梁启超和
柯昌颐对王安石的研究证明，王安石的僚属之中，有很多才德兼具
的官员。[4] 薛向就是一位杰出而清廉的财政专家。[5] 王韶被证明是一
位了不起的将领。[6] 只有一小部分王安石的追随者是不道德的，而正
是对这些少数人的任命，造成了对王安石集团成员的误判。

66

---

1 《续长编》卷 211，第 14 页。

2 《续长编》卷 213，第 4 页；卷 234，第 13 页；又见杨希闵《王荆公年谱考略
附存》卷 2，第 18 页。

3 《续长编》卷 248，第 9 页；卷 253，第 10 页。

4 梁启超《王荆公传》，第 288—309 页；柯昌颐《王安石评传》，第 300—338 页。

5 《临川文集》卷 42，第 10—11 页；蔡上翔《王荆公年谱考略》卷 8，第 3—4
页；梁启超《王荆公传》，第 299—300 页；柯昌颐《王安石评传》，第 300—331
页；威廉森《王安石》第 1 卷，第 135、141 页；第 2 卷，第 125—126 页。

6 蔡上翔《王荆公年谱考略》卷 18，第 7—10 页；梁启超《王荆公传》，第 299
页；柯昌颐《王安石评传》，第 334 页；威廉森《王安石》第 2 卷，第 125 页。

整个关于派系的问题在早先范仲淹的改革中即已出现。[1] 从那时起，即使在政策上没有什么特别的争议，官员们也倾向于划分党派界限。一个众所周知的例子发生在一件单纯的有关礼仪的事情上，问题源于英宗（1063—1067 在位）如何尊崇其已故的生父濮王。在此问题上，欧阳修为一派，许多北方保守主义者为一派。这些北方的保守主义者，就是后来反对王安石的那一群体。[2] 他们不仅攻击变法，而且坚持将礼仪问题衍生成政治问题或作为批评的武器。比如，王安石提拔了李定，他的反对者即发现李定未为母亲服丧。对李定的攻击持续数月，直到司法调查查明事实——由于李定母亲很久之前即再嫁，在其去世时，李定无从得知那是他的亲生母亲。然而，保守主义者视此解释为糟糕的借口而置之不理，誓不罢休。[3]

67

---

1 《皇宋通鉴长编纪事本末》卷 38，第 4—9 页；《朱子语类》卷 127，第 3、8 页。王安石批评范仲淹"好广名誉，结游士，以为党助"，见《续长编》卷 275，第 11 页。

2 蔡上翔《王荆公年谱考略》卷 13，第 6—8 页；宫崎市定《宋代の士風》，第 159—160 页。

3 《续长编》卷 210，第 9—14、18 页；卷 211，第 2—8 页；卷 212，第 1 页；卷 213，第 7—9 页；卷 217，第 2 页；卷 219，第 5—6、10 页。《皇宋通鉴长编纪事本末》卷 61，第 16—19 页。

变法的广泛性大大增强了派系斗争的激烈程度。派系不再是一个选择的问题，而是一个迫于形势的事实。最初，王安石努力劝说政坛元老留下来，但无济于事。[1] 接着，对新政不断增长的批评对他来说变得无法忍受。他变得易怒，时而会遭受头晕之苦。[2] 阅读批评的奏章会让他双手发颤。[3] 作为报复，他导致超过二十名台谏官员被罢黜。[4] 他尤其坚决地将反对募役法的人逐出中央政府。[5] 王安石如此坚信自己政策的正确性，宣称所有的反对者是毫无价值的，是片面的，是墨守成规的，是麻烦制造者。他希望皇帝不要听信批评变法的任何人。[6] 在此方面他并未完全成功。文彦博（1006—1097）仍旧持续多年担任枢密使，他经常反对王安石。[7] 冯京（1021—1094）也与王安石政见不同，他在朝中

1　蔡上翔《王荆公年谱考略》卷10，第10—11页；卷12，第9—10页；卷19，第1页。威廉森《王安石》第2卷，第128—130页。

2　杨希闵《王荆公年谱考略附存》卷1，第6页；威廉森《王安石》第1卷，第175—176页；《临川文集》卷74，第21页。

3　《续长编》卷216，第13页。

4　《琬琰集删存》卷3，第24页；杨希闵《王荆公年谱考略附存》卷2，第12—13页；《皇宋通鉴长编纪事本末》卷63，第1—14页。

5　《续长编》卷224，第1、17—18页。

6　《续长编》卷253，第9页。

7　《续长编》卷228—238多处，尤其是卷240，第11页和卷245，第1页。

待得比王安石还要久。[1]最后，王安石对其政策的坚持，甚至连偶尔的批评也不能容忍，反过来害了他自己。在变法之初与他合作的韩绛，他的亲戚同时也是另一位大臣吴充，最后也不赞成他并离开了他。尤其是在曾布被免职以后，他的下属已无人敢于顶撞他。[2]

保守主义者的党派态度，在他们接任以后，甚至更为明显。大多数的新政，不是被废止就是被彻底修改，完全不考虑其中的优点，也毫不顾及恢复许多旧措施的后果。这样的做法里面含有报复性情绪。王安石的著作被丢弃在一旁，好像他从不是一位一流的学者。[3]保守主义者以迅雷不及掩耳之势罢免了新政的支持者并代以自己一派的追随者，徇私实际上比在改革者之中更为广泛。比如，那些负责州学的人仅仅是由高级官员的推荐而得到任命，

68

---

1 《续长编》卷251，第16页；卷259，第1—5页。

2 关于王安石对韩绛的不满以及韩绛的罢免，见《续长编》卷264，第9—11页和卷267，第11页；又见《宋史》卷315，第5331—5332页。关于吴充之不支持王安石，见《续长编》卷278，第10页。出于不明原因，王安石从未丧失对吕嘉问的信赖，尽管遭到了很多其他官员的批评；吕嘉问一直负责有争议的市易法和常平法，见《续长编》卷264，第11—12页，卷268，第14页；又见第五章第186页注1。

3 蔡上翔《王荆公年谱考略》卷24，第4—6页。

未如从前一般先经过测试以确认他们的能力。[1]反变法派的领袖司马光坦率地表示,"与其得小人,不若得愚人"。[2]这与前面提到的王安石的名言形成鲜明对比。换句话说,反变法派视所有变法派都是肆无忌惮的,完全不在意继任者的行政管理能力,只要日常办公按照旧有的惯常模式进行就好。不管反变法领袖多么值得尊敬,他们的管理不是特别成功。按照儒家标准,他们的态度也是不合理的。

反变法的领袖们把派系斗争推到了永远无法平息的地步。他们通过在朝廷上公布一份三十人的变法派成员名单,使派系的存在正式公开化了。名单中的十八人,曾在已逝的王安石的领导之下,另十二人则在蔡确领导下。尽管蔡确在变法期间直到王安石退闲后的一段时间里没有起到重要作用,但反变法派对他强烈反感,因为他蓄意挑起了许多针对反变法派的控告。[3]将私人报复注入派系纷争造成了毁灭性的后果。反变法派的领袖在后来的后变

69

---

1 宫崎市定《宋代の士風》,第 154—155 页;赵铁寒《宋代的州学》,第 308—309 页。

2 《朱子语类》卷 130,第 9 页。

3 杨希闵《王荆公年谱考略附存》卷 1,第 33—35 页;《皇宋通鉴长编纪事本末》卷 97 第 1 页—卷 98 第 10 页。

法时期很快得到了报复，他们注定会遭受到比他们施予其他人的更为严重的惩罚。[1]

派系斗争的痼疾不止于此。反变法派的领袖也罢黜了以苏轼为首的西南地区温和派，甚至是著名的保守主义者范纯仁，原因仅在于这些士大夫批评反变法派走到了另一个极端。[2]最终，派系斗争使得反变法派自身陷入内讧。他们分裂成几个派系，以同样的方式互相攻击，主要目的是为了获取个人权力。政治行为堕落到了远低于儒家标准的程度。

后变法派的领袖最初通过编制一份三十人的党人名单进行反击。后来，蔡京不加区别地将这份名单扩大到两百零九人，把其中一些人归入反变法派，完全没有根据。更有甚者，名单出现在遍布全国的石碑上。伴随着政治迫害的是压制舆论。所有这些做法中，蔡京的目的既不是为了帮助变法事业，也不只是为了以牙还牙，而是为了巩固他的个人权力。[3]

1　蔡上翔序引王明清《玉照新志》。威廉森《王安石》第 2 卷第 225—226 页有相同的翻译。又参见《朱子语类》卷 130，第 10 页；《皇宋通鉴长编纪事本末》卷 101 第 1 页—卷 102 第 18 页。

2　杨希闵《王荆公年谱考略附存》卷 1，第 33—35 页。

3　外山军治《靖康の變におケル新舊两法薰の勢力關係》；《皇宋通鉴长编纪事本末》卷 121 第 1 页—卷 122 第 16 页。

回顾过去，官僚的政治行为变得越来越糟，越来越远离儒家标准。除了旧有的腐败和政治手腕，任人唯私也加剧了。然而，不能只责怪王安石一人。他的反对者拒绝与他合作，攻击他的所作所为，徇私偏袒，比他更应承担责任。偏袒很快发展成派系斗争，派系斗争从政策冲突堕落到报复性迫害。官僚体制非但没有如王安石所希望的那样得到改革，反而受到许多弊端的影响，以至于不可避免地只有像蔡京那样，不顾儒家标准地进行密谋的人才能久握权力。官僚体制的堕落，随之而至的即是帝国的崩溃。

王安石与官僚的各种类型

上述对官僚主义偏差的分析，对新政之兴起与衰落只是提供了部分的解释。我们需要清楚地知道，什么类型的官员赞同新政，什么类型的官员反对它们，在旷日持久的对抗中这些不同的类型各自又是如何退化的，以更全面地理解为什么变法阶段不能获得持续的成功，为什么后变法时期表现得更加糟糕。

是否可以将官僚进行政治类型的分类以作为对这个时代的历史解读是一个老问题，历史学家迄今有三种回应，而皆不能令人满意。

首先，传统史学宣称王安石被不道德的官僚即小人包围。新政失败正是由于道德正直的君子处于保守主义一方。君子、小人这种儒家道德性的二分法作为一种历史解释，根本无法说明为何保守主义者也未能形成良好的行政管理。

其次，由蔡上翔以及后来梁启超、柯昌颐、威廉森等学者撰写的关于王安石的著作，已经推翻了这种说法，表明支持新政的许多官僚一点也不像传统历史所不公正地描绘的那么坏。这些学者的反驳，都建立在与上述说法相同的原则上，即儒家的道德主义。他们仅仅强调对官僚分类的困难，确认了以儒家道德主义为衡量标准并不适用这一事实。

再次，最近的学者们已经以学术和社会经济为评判原则对官僚进行了分类。他们令人钦佩的研究倾向于在整体上呈现这样一种印象：就政治行为而言，在官僚之中并没有显著差异。因此，将其分为不同政治类型的可能性被否定了。但是我们真的能赞成，既然官僚中存在不同类型的独立的个体，他们作为整体就构成了一个单一类型？他们的政治行为也大体相同？

这里我们将要尝试的是一种新的方法。在此尝试之中，不可低估各种各样的困难和陷阱，所以从一开始需要先设定一些限定条件。第一，政治表现不能完全简化为简单的类型，尤其是对于那些身处复杂环境之中和在某一时期几乎没有可靠记录留存的人。类型只用来突出一些值得注意的特点。第二，这些类型和特点，应基于行为而非道德判断，尽管现实的正当或不正当的行为模式在客观上并不难区分。第三，一种类型并不意味着机械秤上的一个固定位置。它实际上表明一系列重叠的行为模式。第四，在将特定个体进行归类时，一定会存在两可之间的情况。第五，必须牢记官僚毕竟有许多共同点。既然一个类型的特征远比另一个更多，则这种特质的区分不是唯一意义上的，而是相对的。

我调查了这一时期数十位官员的传记资料，尽管这里我只集中于少数几位王安石的亲密同僚。[1] 在本质上，这种方法要重新审视历史资料，以达成某种社会学上成立的分类。先前在讨论与由范仲淹领导的改革有关的各类官僚时，已经使用这一方法做了尝

---

[1] 此处对官僚的分类，主要奠基于《皇宋通鉴长编纪事本末》《宋史》《宋史新编》《宋史翼》《琬琰集删存》《元祐党人传》和《宋元学案》的资料。重点集中于王安石的主要盟友如吕惠卿、曾布、章惇、蔡确和蔡京。关于他们传记信息在以上诸书中的位置，可查阅洪业、聂崇岐等编《四十七种宋代传记综合引得》。

我在 1957 年 9 月于马萨诸塞州斯托克布里奇镇召开的第三届中国思想史研讨会提交了另一篇有关中国历史编纂中的官员分类的论文，将在由芮沃寿主编的专题论文集《行动中的儒家》中出版（斯坦福大学出版社，1959 年）。

试。[1]这里打算进行的是另一次试验。希望这种方法经适当调整，可以适用于整个宋代甚至中国历史上的其他时期。

　　这里使用的分类在官员中确立了三种一般类型：理念型（理想主义的士大夫，the idealistic scholar-official）、仕进型（有事业心的官僚，the career-minded bureaucrat）和渎职型（滥用职权的官僚，the abusive bureaucrat）。每个一般类型中都有特殊类型。理念型有四个特征：有个人操守，有公认的学术水准，有为崇高理想献身的精神，有将政治原则置于个人利益之上的坚定信念。即使不是完全精准，但他们大致可被认作传统史学中为人所熟知的"君子"。改革先驱范仲淹完美表达了他们的共同信条："以天下为己任。"这并不意味着他们完美无缺。对于他们未能完全遵守自己的理念，应该抱有一定程度的容忍。在王安石时代，这一类又进一步分为三种具体的类型或群体：北方保守主义者（northern conservatives）、西南温和派（southwestern moderates）和南方变法派（southern reformers）。

　　仕进型官僚往往普遍存在于所有政府之中，他们现实地将仕途进取置于其他价值之上。与理念型官僚相比，他们的学识远没

────────────

1　刘子健《宋初改革家：范仲淹》，第 126—130 页。

有那么渊博，为崇高理想献身的精神即使真的存在也不太引人注意，他们的政治原则或多或少从属于他们在政治上的权宜之计。然而，在个人操守方面，他们尚能达到社会上约定俗成的平均行为标准，据此很容易与渎职型相区分。尽管存在纵容某些轻微腐败之类的不良做法，他们个人行为的缺点在整体上并不严重。文彦博的两句话表达了这一类型的普遍看法。第一句非常有名："为与士大夫治天下，非与百姓治天下也。"[1] 他的另一句话尽管没那么有名，但简明扼要地阐明了官僚的仕进精神："孰不好功名？又当体国。"[2] 在王安石时代，仕进型官僚又进一步分为两类：因循型（conformist）和干才型（executive）。

毫无疑问，因循型在官僚群中居于绝大多数。他们的职业利益在现有制度和运作模式下得到了最好的保护。通常来说，他们很少主动改变政策，倾向于反对激烈的变革。他们支持保守主义者反对王安石的变法；但是当变法已经成为既定秩序，他们便会遵守。因循型大致可以被视作传统史学所谓的"循吏"或"良吏"，尽管这两个传统的称呼通常指地方官员而非在朝廷的官员。

---

1 《续长编》卷 221，第 4 页。

2 《续长编》卷 221，第 20 页。

另一方面，干才型精力充沛，野心勃勃，急于进取，除了 74
行政能力外，还具有卓越的才能。他们有主动性，支持激进的政
策变革，推行新政也不遗余力，其原因或在于新政提供了晋升的
捷径，或在于与自身的政治主张或倾向一致。许多王安石的亲密
盟友属于此类。传统史学上甚至没有大致对应此类型的讲法。它
或许可以说是我们所知的"能吏""干吏""善吏事"或"长于吏
事"，以及其他类似表述的混合。

淡职型官僚无原则，无道德，对官职有强烈的兴趣，但是将
之作为达到目的的手段而非事业，因此他们可能会利用自己的权
势来营求私人的物质利益。他们的价值取向，在前引邓绾的话中
可见："笑骂从汝笑骂，好官须我为之。"在王安石时代，渎职型
官僚分为两类：贪污型（corrupt）和弄权型（manipulative）。贪
污型运用他们凭借职务之便而拥有的权力以自肥。他们对变法反
映出不满，因为变法试图改善政府的行政管理，消除侵吞公款和
其他的贪污行为。但是他们不反对在政府最高层已开始出现弊政
的后变法时期。传统史学将他们称作"贪官"或"污吏"。

弄权型比贪污更糟。与干才型相似，他们富于野心，急于进
取。他们通过非常规手段和不道德的手腕，首先努力获得超越职
位正常权限的个人权力，进而大肆贪污，通常规模巨大。表面上

75　他们遵守变法的政策，因为改革措施给了处理财政问题的职位更大的权力。在后变法时期，他们权势显赫，也声名狼藉。传统的说法不只是用贪污来描述他们，还有"弄权""擅权"之类。

　　分类至此结束，所有类型都有定义。大多数类型易于理解，但有两种，即仕进干才型和渎职弄权型，还需要通过对比和具体说明以进一步区分清楚。王安石盟友们的个案可以很好地实现这一目的。这里选择了四位：曾布、吕惠卿、章惇和蔡确，最后一位不可与后变法时期声名狼藉的蔡京混淆。他们各自的行为特点取自各人传记材料[1]，并罗列在表1之中。

表1　王安石盟友中干才型官僚的特征[2]

	曾布	吕惠卿	章惇	蔡确
特征				
卓越行政能力	X	X	X	X
善于运用政治手腕	X	X	X	X
善于处理公文	X	X	X	?
善于辩论	X	?	X	?
有相当学力	X	X	○	○

1　见第 160 页注 1。

2　译者按：表中 X 表示有，○ 表示无。

（续表）

	曾布	吕惠卿	章惇	蔡确
偏离性的 *				
善于迎合意旨	?	X	X	X
排挤同僚	?	X	?	?
交结党羽	○	○	X	X
勾结太监	○	○	X	○
陷害政敌	○	X	X	X
贪赃或纵容家人贪赃	○	X	X	X

* 一定程度上类似于弄权型的特征。

　　从表中清晰可见，曾布是干才型的最佳典型，吕惠卿继之；而章惇和蔡确则介于干才型和弄权型之间。对证据的简要回顾证实了这一分析。曾布与王安石是世交，在年轻时，他的政治观点受到王安石很大的影响。[1] 在为变法措施准备法律条例的过程中，曾布发挥了比吕惠卿更重要的作用，而这与历史上的印象相反。[2] 在很多年里，王安石依赖曾布更甚于吕惠卿，尽管吕惠卿也非常

76

---

1 《临川文集》卷 93，第 86—88 页；《宋史》卷 472，第 5677 页。

2 《续长编》卷 214，第 17—21 页；卷 215，第 7 页；卷 220，第 11—12 页；卷 225，第 9 页；卷 235，第 3 页；卷 238，第 15—16 页；卷 244，第 11 页；卷 246，第 21 页；卷 247，第 5 页。

重要。然而宋神宗既不喜欢吕惠卿也不喜欢曾布。[1] 此外，当曾布证明王安石推行市易法的想法有误时，他也失去了王安石的欢心。另一方面，吕惠卿运用充分的政治手腕成为王安石的继任者，并将曾布罢免出朝。[2] 曾布在后变法时期之初重掌权力，当时他是唯一一个主张对反变法者采取调和政策的变法派领导者，以求国内团结一致。哲学家朱熹总体上谴责王安石的追随者，但视曾布为值得称道的例外。[3]《宋史》并未留心这种例外，而是武断且不公平地将曾布置于包括他和王安石其他盟友在内的《奸臣传》之中。[4]

相比之下，章惇和蔡确以更糟糕的方式出现。[5] 他们在发起和推行变法措施方面贡献很小，但随后获得了权力，尤其是在王安石退闲以后。在后变法时期，他们蓄意迫害保守主义对手，章惇甚至与宦官秘密策划宫廷阴谋。在个人操守方面，不止章惇和蔡

---

1 《续长编》卷 237，第 20 页；卷 238，第 2 页；卷 241，第 10 页；卷 242，第 7 页。又见杨希闵《王荆公年谱考略附存》卷 2，第 20 页。

2 见第 148 页注 1 及《续长编》卷 252，第 11 页；卷 253，第 11 页。

3 《朱子语类》卷 130，第 4、12、28—29 页。又见《曾公遗录》中多处。

4 将曾布归为奸臣遭到清代史学家钱大昕的批评，见其文集，即《潜研堂集》卷 28，第 16 页；参阅《曾公遗录》卷 9，第 86 页。

5 宫崎市定《宋代の士風》，第 147 页。宫崎以相当肯定的眼光看待蔡确。这一阐释有些可疑，而且很可能评价过高。

确，连吕惠卿都无法与曾布相比。据说吕惠卿容许亲戚从富人那　77
里勒索钱财；章惇的父亲强占他人房产；蔡确让他的兄弟利用公
款谋取私利。讽刺的是，曾布被蔡京赶下台，而蔡京密谋用酷刑
从曾布之子处获得捏造的供词，以图指控曾布涉嫌贪污。

但是，过分赞美任何干才型官僚可能是个错误。曾布和其他
所有此类官僚都倾向于攫取越来越大的个人权力。这种倾向可能
导向偏离性特点，当它们变得更显著和占主导地位时，就恰恰成
为弄权型官僚的特征了。章惇是介于两者之间的例子，蔡确大概
也是如此，他们可被视作权臣蔡京的先驱。从这一视角来看存在
一种演化关系：首先是在王安石偏爱的行政能力和干才型之间，
其次是在干才型的偏离和弄权型的崛起之间。这是保守主义者义
愤于所有变法派的主要原因。

将官僚划分为独特的类型，并不只是一种仅仅便于区分的静
态分类。一旦引入历史背景，这种分类立刻提供了一幅政局演变
的动态图景。在变法时期，当王安石及其干才型盟友最初推行新
政时，他们遭遇了极大的困难，因为在官僚群中占绝大多数的因
循型全力反对他们。但是当新政后来在后变法时期被弄权型恢复
时，他们几乎没有遇到阻碍，因为这时弄权型握有足够的权力迫　78
使因循型遵守，事实上新政也已经不新，不再难以适应。然而，

从上至下的滥用职权和官僚系统内的简单从众，失去了改革原初激情澎湃的动力，也没有王安石那种程度的官僚理想主义，只能导向一个惨淡的结局。

关于官僚类型与政局演变之间关系的分析，可以用图表形式表现。下面的示意图列举了官僚的一般类型和特殊类型。垂直线表示王安石掌权时变法派及其反对者的分野；虚线下方的区域显示后变法时期蔡京独断之下权力的合流。

一般类型		特殊类型	
理念型	北方保守主义者	西南温和派	南方变法派
仕进型	因循型（官僚中的绝大多数）		干才型
渎职型	贪污型		弄权型

即使在理念型士大夫中，王安石集团也是少数，干才型官僚也不多。根据王安石的判断，他拒绝赋予弄权型官僚以权力。另一方面，绝大多数官僚反对他：理念型士大夫中的保守主义者和温和派是出于原则，因循型是由于不喜欢激进变革，贪污型是因为对他们的个人利益不利。王安石不得不主要依靠皇帝的支持。

蔡京时期的情形完全不同。到这时，许多令人尊敬的士大夫已经过世，在世的则被蔡京流放。专制明显增强，蔡京则将它变成自己的优势。在后变法时期之初重获权力之后，干才型官僚要么出于其自身内部的对立，要么由于蔡京的操纵而再次被罢黜。此外，因循型官僚对改革措施习以为常，因为它们不再新颖；他们也害怕蔡京的政治迫害。既然蔡京本人贪污，贪污型官僚踊跃效仿。改革因此逐渐堕落为弊政。

　　这一分类不过是一种新方法的试验。其目的是要阐明当时众多官僚的政治行为，这些官僚对于改革及其余波的不同态度，以及新政的最终失败。另一方面，如目前所展示的，这一分类只是简表。我们需要对尤其是个人传记中所载的政治行为进行更多的分析研究。只有到那时，才可能在某些必要的限定和修正下，更准确地确定一个特殊的个体是否适合某一特定的类型。也只有到那时，才有可能更全面地理解，一种历史趋势——在这里是指政治堕落——如何在个人的实际职业生涯中展现。

新政与政府运作

吏役次官僚制

　　吏役次官僚制（clerical subbureaucracy）值得引起注意，因为它经常被忽视——尽管实际的政府运作，在接触民众的范围内，通过吏来开展。在宋代，吏的重要性明显远超前代。行政程序——尤其在财政和法律事务上——变得更加详细和复杂；而且印刷术使得表格和文件的广泛使用成为可能。结果，负责越来越多的日常公事的吏成了相当专业的群体。既然对这些技能没有正式培训，也很少有针对这些人员的正规招聘程序，这些职位便充斥着大量现有人员的后代和亲朋好友。中央政府中的吏往往成为都城及周边地区的永久居民。地方政府中的吏大都是该地区的本地居民。从这个意义上说，吏可以被视作行政部门中最底层的地方次官僚体制。依照法律和习俗，他们的社会地位远低于组成国家官僚系统的文官；[1] 但就政府运作而言，这不意味着吏在职能上无足轻重。

王安石积极关注官僚体制的改革，自然不会忽视吏役次官僚制需要相应的改进。此外，在政府运作程序的规模和数量扩增的情况下，与从前相比，新政不可避免地要将更多的责任交到吏的手中。因此，吏役次官僚制必然会影响新政的效果。

尽管很难估算，但从新政期间单单三司就有一千零八十多间堆满案牍的房间，便可轻易推测出中央政府中吏员规模的巨大。[2] 宫崎市定的研究揭示出这些中央政府中的吏领取微薄的俸禄，几乎没有足够的收入。在新政推行以前，地方官府中的吏完全没有固定俸禄，作为代替，他们从各种各样的税收中为其服务获得一些补偿。[3]

官员服从调遣，在各地之间往来迁徙，而吏则更长久地待在某个官府之中。有人说，尽管官员不是"封建"的，但吏是；就

81

1　《续长编》卷 229，第 17 页；又见宫崎市定《科举》，第 233—234 页。

2　《续长编》卷 256，第 9 页。

3　宫崎市定《胥吏の陪备を中心として》，第 10—15 页。

此而言，他们事实上拥有一地的终身任期。吏对地方官府事务有长期而详尽的了解，所以他们经常能够影响不太熟悉这些的官员的行政决定。[1] 这些吏毫无指望晋升，也很少有人存在道德上的顾忌。他们主要关心的，如王安石所指出的，是靠欺瞒官员进行贪污。[2] 吏处理大量财政事务，却没有受到严格的监管；此外，还有82 很多人用贿赂来诱惑他们。[3] 他们与商人勾结，与贪官狼狈为奸，都已不是秘密。[4]

宫崎市定指出，王安石敏锐地注意到了次官僚制改革的必要。第一，他削减了为政府服务的吏的数量。第二，他提高了中央政府中过去领取固定薪水的吏的俸禄，又给予地方政府中先前不领俸禄的吏以一定的收入。第三，他支持经过一定考试之后，将出色的吏提拔到文官序列之中。第四，他强烈要求吏要受到有效的监督，对贪污者要严惩。[5] 这一重大改革被称作"仓法"。这里的"仓"是统

---

1 《续长编》卷 221，第 17 页；卷 233，第 3 页。

2 《续长编》卷 232，第 10 页。

3 曾我部静雄《宋代财政史》，第 75—79 页；《续长编》卷 236，第 12—13 页。

4 《续长编》卷 212，第 5 页；卷 251，第 28 页。

5 宫崎市定《王安石の吏士合一策——倉法を中心にして》。又见《续长编》卷 214，第 26—28 页；卷 228，第 13 页；卷 235，第 25 页；卷 242，第 1 页；卷 246，第 10 页；卷 248，第 21 页；卷 265，第 8—9 页；卷 271，第 19 页。

称，既指谷物收入的储存之所，也指地方政府的财库。众多的吏职，以及众多的贪污行为，都与此相关。而且，吏正是从这些同样的来源中获得他们的薪水。[1] 王安石的最终理想，与他对《周礼》所描述的上古制度模式的信念一致，是要将吏和官员合并为一个阶层并最终使二者融为一体，一如农民和士兵，都纳入单一阶层。[2] 由于坚持这一理想，王安石忽视了阶层结构已然固化、社会群体分化显著和职业日益专业化的现实；不可能只存在一个阶层。[3]

除了这种公平却不切实际的理想，王安石的仓法成效显著。他争辩说，根据政府的规则给吏支付俸禄，好于忽视他们或者事实上允许他们非法取得钱财。[4] 由此产生的政府预算的增加，毕竟不算非常沉重的负担。有效的财政改革举措可充分覆盖增加的预算，在新制之下，地方政府自身负责管理来自场、坊（尤其是酒坊）和津渡的杂项收入。在此之前，这些被分配或者"外包"给吏，作为他们服务的报偿。按照王安石的说法，地方政府管理因

83

1　《皇宋通鉴长编纪事本末》卷 75，第 19—21 页；又见第 71 页注 2 有关此点的讨论。

2　《续长编》卷 237，第 8 页。

3　曾我部静雄《支那政治习俗论考》，第 42 页。

4　《续长编》卷 214，第 26—28 页。

此建立在合理的基础之上，而不必加重民众的税负。[1]同时，对吏的必要的警惕性监管和对贪污的严惩，确实明显改善了地方政府的水准。甚至王安石的反对者也承认这一点。[2]

但是吏役次官僚制绝不会轻易治愈自身的顽疾。现在胥吏们获得的收入，很可能还不到之前他们通过贪污所获得的一半。[3]新的监管也不足以查获所有人。许多新政引发抱怨，未能实现其目标，很大程度上是因为协助执行新政的吏在其中找到了挪用公款和敲诈勒索的手段。这样的事例大量存在。青苗法是帮助那些有需求的人，还是强加于完全不会从中受益的人，很大程度上都取决于吏是否遵守制度的精神——通常事实并不如此。[4]全国常平仓的数量在改革中增长到大约五百个，其建立是为了辅助政府财政，并在必要时进行均衡调配。但由于管理不善，它对腐败官吏的好处远甚于对民众的帮助。[5]方田均税法是消除逃税和不公平负担的

---

1 《续长编》卷 233，第 20 页；卷 248，第 13—14 页。

2 宫崎市定《王安石の吏士合一策——倉法を中心にして》，第 895—904 页。

3 《续长编》卷 240，第 5 页；卷 251，第 20—21 页；卷 279，第 6—7 页。

4 柯昌颐《王安石评传》，第 97—98 页；《皇宋通鉴长编纪事本末》卷 68 第 1 页—卷 69 第 19 页；卷 110，第 5—12 页。朱熹提倡一种类似的农业贷款制度，但由富有而值得信赖的社会领袖来管理，以代替地方政府的吏。

5 今堀誠二《宋代常平倉研究》，第 1091—1095 页。

一项重要改革。然而，实际的测量、记录和报告都操于小吏之手，　84
他们很容易与不良官员和富室勾结从而使得法令落空。在后变法
时期，整个制度沦为了一场闹剧。[1]为地方政府服役在变法时以摊
派税费为基础；在反变法时期回到轮流分配；后变法时期减免办
法又再次恢复。无论评估纳税额还是轮流分配服役都需要吏，他
们帮助确定家庭财产范围及其税务负担。在反复的剧变之中，许
多记录被吏蓄意隐瞒，或是报告宣称遗失。这给滥用职权创造了
大量机会。[2]同样不幸的例子是市易法。当政府直接与小商人按官
方规定的价格打交道时，大商人被剥夺了许多优势。法律向小商
人提供了贷款便利，可他们并没有真正获利。结果也没有必然惠
及消费者。实际上，大量的利润归于吏，再通过他们进入了腐败
官僚的口袋。[3]

　　因此可以毫不夸张地说，王安石的改革措施部分地是被腐败

1　荒木敏一《宋代の方田均税法》，第341—351页；周藤吉之《宋代官僚系と
大土地所有》，第485—502页；《皇宋通鉴长编纪事本末》卷73，第1—12页；
卷138，第1—6页。

2　宫崎市定《胥吏の陪備を中心として》，第880—895页。又见《续长编》卷
262第24页和卷263第1页关于募役法下的逃税。

3　式守富司《王安石の市易法》，第27—30页；《皇宋通鉴长编纪事本末》卷
72，第1—14页；卷110，第12—15页。

官僚和不可救药的次官僚制联合起来打败的。在这个意义上，王安石的反对者对新政的批评中有很多是事实，即这些措施无意中或不可避免地将更多的行政管理权置于小人之手，因此给滥用和操纵这些权力创造了更多机会。另一方面，王安石的反对者本身也未能提供有建设性的方案来解决次官僚制的弊端。在反变法和后变法时期，地方政府的行政管理日益恶化。[1] 到南宋时，地方政府的大多数劳役都按照新政，由雇用的个人提供。换句话说，现在的吏比以往更多，政府则受害于越来越依赖这一大大膨胀的次官僚制。同样的情况持续到清代直至近代。[2]

中央集权与同一性

宋代政府运作的一个重要特点，是中央集权不断增强的趋向。

1　曾我部静雄《宋代财政史》，第 29—37 页和第 484—497 页；荒木敏一《宋代の方田均税法》，第 347—357 页；宫崎市定《胥吏の陪備を中心として》，第 21 页，尤其是注 32。

2　哈佛大学东亚研究中心瞿同祖教授对清代地方政府的研究中包括对吏役次官僚制的研究。

这一趋向实际上在宋以前混乱的五代时期就已变得引人注目，它是对地方军事力量与篡权的直接回应。在宋代之初，中央集权就已十分显著。但是，在为了国家安全的中央集权和财政管理的中央集权之间，必须要做出区分。[1] 宋帝国从立国之初就在采取措施防止地方篡权的危险：将最强的军队置于中央政府的直接指挥之下，密切监视所有地方武官，赋予地方文官比前代所能获得的更大的权力。在这些情况下，地方政府的财政管理主要握于这些文官之手，只需服从中央政府规定的一般要求。

财政管理的中央集权化，随着新政出台才得以确立，新政在管理不断扩张的国家财政时，制定了各种财政管控措施。比如，中央政府开始指导地方政府单位根据中央政府的估算来征税；税额不再像从前那样基于地方政府单位的不同报告，也不再根据他们的恳求或借口而减少数额。[2]

财政的中央集权导致了人事政策上相似的趋向。宋朝给予高

86

1　聂崇岐《论宋太祖收兵权》，第 97—103 页；宫崎市定《宋代州県制度の由来とその特色》，第 109—112 页；《续长编》卷 265，第 23 页。

2　《续长编》卷 223，第 13 页；東一夫《方田均税法の実施地域に関する考察》，第 197 页；今堀誠二《宋代常平倉研究》，第 1104—1166 页；曾我部静雄《宋代財政史》，第 22—55 页。

级官员非比寻常的礼遇与关怀。当他们在朝中失势，通常会被派任地方政府中的尊贵职位。新政一推行，许多年长的政治家，以及其他较低级别的地方官员，断然拒绝遵守中央政府施行新政的指示，他们强烈反对新政。王安石不能容忍这些阻碍。他逐步罢免这些反对派，代之以服从命令的官员。这样，他实际上削弱了从前对于高级官员的尊礼，对官员任命实行更集中的控制，并达到了他所相信的官僚政治同一性的必要程度。他能够实现这些改变，是因为皇帝的绝对权力当时站在他这一边。

进一步中央集权的另一个方面是政府机构最高层行政部门权力的集中。变法以前，如柯睿格对宋代文官的权威研究所展示的，中书门下（负责常规管理的行政部门）、枢密院（军事局）和三司（财政委员会）之间有明确的权力划分。[1] 王安石没有办法将文彦博从枢密院罢免，但是他削弱了文彦博干预军事人员任命的部分权力。[2] 另外，通过制置三司条例司以研究和建议财政改革方案，他凌驾于三司之上，强制进行统一控制。[3] 由于对这一新机构独立于

87

1　柯睿格《宋初文官政治》，第 31—38 页。

2　《续长编》卷 211，第 17—18 页；卷 240，第 11 页。

3　《续长编》卷 210，第 2 页；《琬琰集删存》卷 3，第 25 页。

政府架构之外的持续反对，不久之后它被并入中书门下。[1]但事实上行政部门已不再遵循之前的权力划分，现在它开始直接控制三司，而且没有它的批准，任何有关国家财政的法令都无法实施。[2]

三司自身也发生了相似的转变。先前，其权力被划分至三个部门，即户部（登记或普查机构，掌管税赋之籍及税收）、度支（资金或财务机构，负责财赋拨款和支出）和盐铁司（主管盐铁专卖以及类似的国家垄断贸易），所以叫"三司"。[3]变法之初，即发生了明显的混乱：本来主要负责常平仓的司农寺受命利用它所掌控的粮仓资源为许多重要的改革提供资金。[4]变法进程中的一个短暂时期，还设立过两个新的机构，帐司和会计司。[5]最后，在长期的摩擦之后，三司被允许将所有这些机构重新聚合在一起，但只能在行政部门的指导之下。[6]现在，通行的做法是由主管行政的首

---

1 《续长编》卷 211，第 3、9 页。

2 《续长编》卷 214，第 29 页；卷 215，1 页；卷 251，第 10 页。

3 柯睿格《宋初文官政治》，第 39—41 页；曾我部静雄《宋代财政史》，第 6—7 页。新政时期对于文官系统的名称改革导致"三司"这一名称被废黜。整个财政机构变为户部，但其职能与内部组织都没有明显变化。

4 曾我部静雄《宋代财政史》，第 16 页。

5 《续长编》卷 251，第 18 页；卷 257，第 7 页。

6 《续长编》卷 257，第 7—8 页。

88　席大臣（以其非正式头衔"宰相"为人所知）直接控制储备金，以贯彻他们所建议的政策。[1]

王安石留下了强有力的行政权力的遗产。尽管存在大量的批评，但反变法派在他们自己掌权时并没有极力颠覆这一遗产。[2]这种权力的中央集权化成为政府结构的一个永久性的特征。[3]

宋代政府运作也有努力强化同一性的特性。在王安石发起变法时，官僚中的同一性并非一项原则。与之相反，如我们所见，这一时代以其富有活力和创造性的儒家思想、新颖而多样的观点为人所瞩目。但是，王安石对于自己不因循守旧的思想如此执着，以致他变得越来越教条，无法容忍其他意见，经常将其斥为仅仅是保守的、毫无价值的和有意刁难。有一次他向皇帝抱怨："若朝廷人人异论相搅，即治道何由成？臣愚以为朝廷任事之臣，非同心同德、协于克一，即天下事无可为者。"[4]换句话说，王安石认为同一性对于有效的政府运作来说是必要的。通过改革太学和科举制度，他希望造就和结成志同道合的官僚群体。宋神宗赞同王

1　曾我部静雄《宋代财政史》，第7—10页。

2　宫崎市定《宋代の士風》，第154—155页。

3　冈崎文夫《王安石内政総考》，第184—188页。

4　《续长编》卷213，第4页；卷278，第11页。

安石的意见，认为应该通过编写和正式公布对经典的权威阐释来统一儒家思想。[1] 这不仅触怒了保守主义学者，也没能达成其真正的目标。不久宋神宗就发现，结果不是统一（unity），而是同一（conformity）。他批评说，"朝廷以经术变士人，十已八九变矣，然盗袭人之语而不求心通者，亦十八九"。[2] 这丝毫不令人奇怪，因为在科场之中，举人们在他们事先准备好的大量文章中一味模仿王氏父子的写作。[3]

反变法派，即使不是更教条主义，也是对等地通过罢免支持变法的官员进行反击。由于不知如何处理太学中深受王安石思想影响的学生，他们只是简单地命令太学不再进行招生。[4] 与此同时，他们希望通过在州学中任命自己的追随者，学生中的学术氛围和政治观念会逐步转向对他们有利。

在蔡京掌权的后变法时期，官僚主义的同一性达到了前所

---

1 《续长编》卷 229，第 5 页；卷 243，第 6、14 页；《皇宋通鉴长编纪事本末》卷 74，第 1—5 页。

2 《续长编》卷 248，第 17 页。

3 《续长编》卷 233，第 14 页；荒木敏一《北宋時代に於ける殿試の試題と其の変遷》，第 46—48 页。

4 《朱子语类》卷 130，第 5 页；宫崎市定《宋代の太学生生活》，第 100 页；又参《皇宋通鉴长编纪事本末》卷 93，第 7—9 页。

未有的高度。反变法派的著作遭到禁止。州学按规定设立"自讼斋"。虽然这一措施的细节未见记载，其目的则是将曾公开宣称支持反变法的学生置于其中；他们在里面进一步学习、思考，以纠正他们所谓的错误观念。强加的同一性达到了数千份考卷看起来都差不多的地步。从政治迫害之中，举子学会了连"休兵以息民，节用以丰财，罢不急之役，清入仕之流"这样普通的想法也不能表露，因为这可能会被看作对行政的暗中批评。[1] 促进官僚主义同一性的另一因素是皇城司越来越活跃，它负责都城中的情报工作。佐伯富已经表明，该机构凭借雇用密探和其他种种方法诱骗人们发表批评意见；它还伪造报告来诬陷无辜之人。[2]

90

从前一时代充满创造性的儒学，到几乎令人难以置信地转变为麻痹窒息的同一性，原因不是单一的。在不断增强的中央集权之下，持续增长的同一性一定程度上来说是不可避免的；但是当像蔡京这样的官僚滥用由中央集权带来的巨大权力时，它远远超出了正常的限度。王安石可能从未意识到，他的新政通过加强中央集权和要求他所认为的必要的同一性，会导致这样不幸的结局。

---

1 宫崎市定《宋代の太学生生活》，第 638—645 页；赵铁寒《宋代的太学》，第 184—189 页。

2 佐伯富《宋代の皇城司について》，第 186—196 页。

专制主义

宋代政府的运作也受到专制主义倾向的深刻影响。专制主义有两个基本特点：皇帝的终极权力和与之密切相关的宫廷政治与阴谋。这种终极权力通常并不暴虐，因为它受到各种限制：儒家传统的约束、习惯性的边界，还有与官僚不同程度分享权力的事实。北宋时期权力的分享尤其值得注意，其时皇帝经常听从高级官员们的意见。这些官员自视为儒学的鼓吹者，具有意识形态上的权威。此外，作为官僚中的政治领袖，他们确实以明确表达政治观点和施加政治压力的方式行使着相当大的权力。但是，不论这些官员享有多大的权力，它都只是一种派生的权力，是君主让渡的，并且始终保持在专制主义加于其上的限度之内。在危急时刻，专制主义倾向于增强，相应地，它通过缩小这一限度来削减官僚的权力。

91

为了推行全面的变法，克服官僚体制中强烈的反对意见，王安石不得不主要依赖宋神宗的支持。幸运的是，宋神宗尊王安石如师，让他不拘礼节，直言无隐，而且接受其意见。[1]在很长一

---

1 《续长编》卷 220，第 10 页；卷 233，第 15 页；卷 235，第 23—25 页。

段时间里，"上（宋神宗）与安石如一人"，因为王安石说服宋神宗对他毫无保留。[1] 此外，出于对变法的热情，王安石劝宋神宗"刚健"，希望以此压制反对派。[2] 由此导致的朝廷高压效果显著。比如，司马光在变法之初从朝中被罢免，在之后的数年里，他避免公开批评现行政策。[3] 就此而言，王安石进一步强化了专制主义。

然而，没有任何皇帝对任何官员的信任是无限度或持久的。专制主义伴随着对某一官员可能权力过大的担忧。宋以前五代时期篡弑频仍的先例使得这种担忧持续存在。[4] 比如范仲淹的改革，当反对者警告皇帝，范仲淹的一些盟友可能得到辽国的帮助，涉嫌密谋叛国，改革便戛然而止。[5] 对皇位任何潜在的、甚至是幻想中的担忧，总是使得皇帝不会给予任何一位官员以过多的信任。所有之前有关王安石的著作一般都认为，至少在新政初

92

---

1 《续长编》卷 215，第 8 页；卷 253，第 9 页。

2 《续长编》卷 213，第 6 页；卷 215，第 3 页；卷 223，第 15 页；卷 266，第 11 页。

3 《续长编》卷 220，第 5—6 页；卷 222，第 10 页。

4 聂崇岐《论宋太祖收兵权》，第 87—94 页。

5 刘子健《宋初改革家：范仲淹》，第 105—108、122—125 页；《皇宋通鉴长编纪事本末》卷 37，第 23—24 页。

期，王安石确实获得了宋神宗完完全全的信任。但是，这要服从两个条件。第一，尽管宋神宗未曾当真怀疑过王安石的忠诚，他可能担心赋予王安石过多权力会引起其他主要官员的不忠。当新政刚开始推行，就有流言传播称，在民众的不满之中，当时令人尊敬的政坛元老韩琦可能会通过武力干涉迫使这些新政废除。[1] 这些流言的目的，毫无疑问是要引起宋神宗的担忧以挫败新政，就像类似的流言成功地驱逐了范仲淹，而且它们可能确实阻止了宋神宗完全支持新政。第二，存在有力的证据表明宋神宗对王安石的信任并不彻底。在新政时期，多年来他留用了王安石坚定的反对者文彦博作为枢密使，对于王安石对文彦博的抱怨置之不理。

当宣仁太后和宫中其他人警告宋神宗，市易法和免行钱引起的极度不满可能会引发京城中的骚乱时，他对王安石的极大信任最终被削弱了。[2] 当曾布执行的调查显示，与王安石的保证相反，确实存在很多正当的抱怨时，宋神宗的疑虑增加了。王安石感到不快，不久之后就要求解除职务。在允许王安石离朝到南京担任

---

1 《续长编》卷 210 各处；卷 263，第 24 页。

2 《续长编》卷 251，第 15—18 页；卷 252，第 20 页。

州长（知江宁府）以后，宋神宗第一次颁布专门诏书，命令对变法进行坦率的批评以图纠正错误，并暂时中止了某些改革措施。[1]

93　不久他召王安石回朝再服务一段时间；尽管宋神宗仍然相信变法在本质上是合理的，并在他有生之年乃至王安石退闲以后都保持了变法的施行，但他的热情明显减弱。在王安石第一次从朝中辞职时，宋神宗声称："大凡前世法度有可行者，宜谨守之，今不问利害如何，一一变更，岂近理耶？"[2] 因此，他因为不安而收回了对变法的全心全意的支持，而这种不安基本上源于对任何可能威胁统治安全的冲击的深切忧虑。缺少皇帝的全力支持，即使不是决定性的，也是对变法成效的沉重打击。

　　宫廷政治是专制主义孕育的寄生虫。宋神宗对王安石信赖的减弱影响到了宫内之人。王安石成功劝说皇帝压制官僚中的反对

1　《续长编》卷 252，第 2、12—17、22—24 页。市易法和免行钱在经过对执行不当的调查和对规章制度进行了一些修订之后，依然生效。尽管吕嘉问被短暂地解除了职责，但在王安石的坚持下又再次主管（市易法和免行钱）。见《续长编》卷 255，第 7 页；卷 260，第 8 页；卷 261，第 10 页；卷 272，第 9 页；卷 277，第 15 页。又见第四章第 155 页注 2。

2　《续长编》卷 256，第 9 页；卷 260，第 6—8 页；卷 265，第 5 页；卷 278，第 9 页。王安石第二次在朝期间并不积极。他抱怨说宋神宗只有一半时候会采纳他的建议。

意见，但宦官、太后、其他妃嫔及其亲属除外。王安石与宦官之间的摩擦大体上未曾引起历史学家的注意。虽然宋代的宦官没有太大权力，但他们仍对皇帝有所影响。[1] 王安石几次告诫宋神宗，宦官的不良影响可能会阻碍政府的政策。[2] 但宋神宗回答说，他正是喜欢他们的"温柔"服侍。[3] 王安石又建议他不要听信皇城司的不实报告[4]，但宋神宗似乎并没有接受这一建议。与此同时，市易法和免行钱断绝了商人和宦官之间的官方联系，使后者失去了受贿和其他贪污的机会。[5] 皇城司中和服事于宫中的宦官要求更高的报酬以图弥补他们的损失，并引吏的薪水增长为例。宋神宗想要用国家贸易和税收盈余来补偿他们，这似乎合情合理；但王安石

94

1　《文献通考》卷 520—521 多处；《宋会要辑稿》职官部分，卷 36，第 5—15、23—27 页。

2　《续长编》卷 221，第 1—2 页；卷 229，第 8—9 页。

3　《续长编》卷 238，第 8 页。王安石致仕以后，宋神宗派宦官李宪直接指挥西北的军事行动。这为著名的宦官童贯开了先例——童贯是北宋末远征军的统帅。见《续长编》卷 279，第 18—21 页；卷 280，第 14—15 页；卷 282，第 4—5 页；卷 284，第 7—9 页；卷 285，第 2—3 页。

4　《续长编》卷 236，第 12 页；卷 240，第 12 页。又见佐伯富《宋代の皇城司について》，第 170—172 页。

5　《续长编》卷 236，第 12 页；卷 239，第 5 页；卷 242，第 1 页；卷 251，第 8 页；卷 215，第 21 页。又见全汉昇《宋代官吏之私营商业》，第 207—208 页。

的反对阻止了他。[1]

宦官们对王安石的怨恨十分明显。司天监的宦官早先曾把某些征兆解释为在暗示有必要罢免王安石,代之以来自北方地区的某人。[2]他们现在试图通过违背惯例,让王安石在宫门之外下马来使他难堪。王安石的马在此事件中受伤。[3]怂恿宦官的,是王安石的两个政治对手文彦博和冯京。文彦博在枢密院的职责包括监管皇城司,他对宦官十分友善,经常使他们得到快速的晋升。[4]冯京也支持宦官,尤其是在提高他们的俸禄这一问题上。[5]

宦官在皇后的亲属之中找到了不喜欢王安石的其他盟友,因为王安石改变制度以削减他们本有权得到的皇帝的恩惠。其中一些皇亲国戚还反对市易法和免行钱,因为这些措施不是与他们的

---

1 《续长编》卷 239,第 6—8 页;卷 240,第 4 页;卷 245,第 9 页。《皇宋通鉴长编纪事本末》卷 67,第 13—15 页。

2 《续长编》卷 229,第 6—7 页。

3 《续长编》卷 242,第 8—10 页。

4 《续长编》卷 231,第 8 页;卷 235,第 15—18 页;卷 239,第 8 页;卷 242,第 2—3 页;卷 244,第 9 页。

5 《续长编》卷 213,第 2—3 页,卷 251,第 10 页;又见《宋史翼》卷 39,第 7—8 页。

经济利益相反，就是使他们与商人的来往不那么有利可图。[1]更为重要的是，土生土长的北方人宣仁太后，从一开始就不赞成变法，还为此与宋神宗发生争吵。[2]

　　所有这些因素结合起来，使得宫中之人警告宋神宗，市易法和免行钱引起的不满可能会引发京城中的骚乱。当宫中之人反对变法的一些指控有一定根据之时，王安石的地位就变得岌岌可危了。在此至关重要之时，北方的饥荒加重了王安石在政治上的不幸。郑侠呈上《流民图》，大大震惊了宋神宗。历史上将此图视作王安石第一次降黜的主要原因。对《续资治通鉴长编》的仔细考察显示，由于宫廷政治尤其是宦官的影响，王安石的地位已经被削弱了，而《流民图》只是诱发因素。[3]

　　历史普遍低估的另一个事实是，宫廷政治的重要性和强度在反变法和后变法时期都有增长。元丰八年（1085）宋神宗驾崩，新政结束。继位的宋哲宗才十岁，由祖母宣仁太皇太后摄政至元祐八年（1093）她去世。在司马光的短暂领导下，宣仁太皇太后执行反变法的政策，让保守主义者掌权。这些保守主义者有许多

95

1　《续长编》卷231，第8—11页；卷251，第15页。

2　《续长编》卷251，第19—20页。

3　《续长编》卷251，第24页；卷252，第2、5—7、12—19、22—24页。

跟她一样来自北方。[1]

在她摄政时期，数名特别忠于先帝的宦官被贬黜。而她自己特别喜欢的宦官则被付托以玉玺以及在她生病时处理公文的权力。这些宦官也与朝中一些主要的保守主义者关系良好，表明后者并不如他们自己所宣称的那么理想主义。[2]

这种环境下，年轻的皇帝相当不满。他崇拜已故的父亲，同情变法，也记得自己得以登基是由于变法派人物章惇最初的建议。他不喜欢反变法派的领袖，因为他们请他的祖母对他施加压力，从而希望将来他也能延续她的政策。[3]他的妻子昭慈皇后是由专横的祖母选择的，这也增加了他的不满。[4]

当年轻的皇帝自己大权在握后，后变法政策立刻被付诸实施。变法派被召回权力中心，但他们的理想主义热情大幅减弱。新政被恢复，但既无改进，也未更正错误。章惇以及其他一些变法派成员结成私党。他们显然对宫廷政治非常熟悉，很快便告

96

1 《宋史》卷 242，第 5160 页。

2 《宋史》卷 467，第 5670 页；卷 468，第 5670 页；《琬琰集删存》卷 3，第 40 页；《续长编》卷 281，第 5—6 页。

3 《朱子语类》卷 217，第 5 页；杨希闵《王荆公年谱考略附存》卷 1，第 36 页。

4 《宋史》卷 243，第 5161 页；《皇宋通鉴长编纪事本末》卷 113，第 1—10 页。

诉皇帝，先太皇太后曾倾向废黜他的皇位。为了从有嫌疑的宦官处获取对这一阴谋的供认，一场调查受命展开。[1]先太皇太后时最有权势的宦官陈衍被处死，其他先太皇太后宠爱的宦官被流放。[2]

昭慈皇后仍然是个阻碍。恰好尚无后嗣的皇帝喜欢上御侍刘氏，而她又诞下了皇子。一些倾向于刘氏的宦官指控皇后使用厌魅之术。这些宦官与朝中的变法派联手，在皇帝的准许之下，发起秘密的宫廷调查，用酷刑获得了支持上述指控的虚假招供。近三十名宦官、宫女遭受了酷刑，其中有一些人的舌头被割掉。皇后随即被放逐到一处道观中，刘氏则成为新的皇后，尽管她的小皇子不久就夭折了。[3]

很明显宋哲宗做得太过头了。当他的弟弟宋徽宗于元符三年（1100）即位后，他听取曾布的建议，对反变法派采取"调停"政策。与这一政策一致，徽宗将昭慈皇后请回皇宫，其对手刘皇后

1　《宋史》卷471，第5676页，卷242，第5160页；《曾公遗录》卷9，第46—47页。

2　《宋史》卷467，第5670页；《琬琰集删存》卷3，第40页；《宋史翼》卷39，第7页。

3　《宋史》卷243，第5161页；《曾公遗录》卷8，第11—14页，卷9，第64页。

97 无法接受这一逆转和羞辱而自杀。[1] 然而曾布的调停政策并没有持续多久，因为他很快就被弄权型官僚蔡京所取代。蔡京得以成功掌权的原因之一，是他与宦官童贯紧密勾结在一起，用来自长江三角洲一带的大量奢侈品迎合皇帝的喜好。利用皇帝对奢侈享乐的迷恋，蔡京和童贯得以长期保有权力。在蔡京几乎掌控了朝廷的政治权力的同时，童贯则控制了军队的指挥权，这是之前的宋代宦官从未做到的。

　　显而易见，宫廷政治不仅与王安石的倒台相关，也与反变法和后变法的激变相关，并最终导致后变法时期的堕落。

---

1 《宋史》卷 244，第 5162 页；《曾公遗录》卷 9，第 68—69 页；《朱子语类》卷 127，第 5—6 页。

第六章

为地方政府服役：个案研究

目前为止，对新政兴衰的概括分析以当时的政治思想、官僚的政治行为和宋代政府运作的一些特征为背景。可以看到，王安石的理论和行动已经远远超出法律和政府政策的变革，而实际指向了制度变革，尤其是那些涉及官僚体系本身和其他由政府主导建立的政治制度。既然至今尚未见有关新政任何具体部分的讨论，现在我打算通过一个个案研究以支持我的整体分析。

我选择为地方政府服务（职役，有时简称"役"，或作为制度的"役法"）的改革作为个案有三点原因。第一，这项特殊的改革引发了当时最为激烈的争论之一。此前，为地方政府服役是轮流分配的。而在新政之下，尽管有持续不断的反对意见，但职役是由雇用人员提供的，他们的收入来自为此目的而征收的税款。第

99 二，以前有关王安石和这一时期的著作，对于这项役法性质的判断，几乎都是不准确的。上述问题通过介绍聂崇岐和曾我部静雄对此的研究可以得到补救，但对有兴趣的研究者来说，两者又都是不够的。第三，役法改革有超出其本身范围的重要性，直接或间接地与许多其他的变法措施相关，如保甲法、仓法（有关吏的薪俸）和方田均税法。从这个视角来看，它或许可以被视为整个新政的中心和实现我们目标的绝佳范例。

新政前的役法

职役经常被误解成力役 / 徭役，甚至宋代部分官员也有此误解。混淆主要缘于力役 / 徭役更为有名，且通常简称为"役"。[1] 实际上，两种"役"属于不同类别。力役长期以来都是人口普查登记中公布的所有健全丁口的强制义务，除非得到特殊的豁免。自唐代推行两税法以后，它在很大程度上与土地税一起被折算为税款，尽管民众仍不时被要求提供必要的劳动。

1　曾我部静雄《宋代财政史》，第 89—94 页；聂崇岐《宋役法述》，第 220 页。

　　职役有不同的历史来源。在汉代，它是地方领袖之责（"职役"之"职"），他们以其得到证明的能力和公众的尊重而被从人群中挑选出来并得到正式的政府任命。在地方官的监管之下，这些乡官在当地拥有相当大的社会声望和行政权力。而且，有能力的人会被政府提升为文官，不少人能做到三公九卿类的高官。不幸的是，几个世纪以来，由于以下多种原因，这些乡官的地位衰落了：经由特权、捐资、举荐和考试而来的官僚的增长；六朝时期地方政府的职位由兴起的世家大族垄断；隋唐时期官僚对人民权力的普遍增强；尤其是唐末五代以牺牲所有民事管辖权为代价的军事权力的篡夺。到宋代，甚至连"乡官"一词也被人遗忘了。他们的位置被当地政府征调或分配的役员所取代，职役也不再是受人尊敬的职责，而是伴随着屈辱和经济破产的痛苦的摊派。[1]

　　地方政府的服役人员规模与宋代的官僚体系同样巨大。这些服役人员可分为三类：履行守卫之责、官府之责和乡村之责。第一类包括虞候和将吏衙前；后者是享有纳税和其他服役豁免特权的特殊群体。在州及以下地方官府中的办公人员人数众多。其中最为人熟知的是那些被统称为衙前的人。他们在吏的直接领导之

100

1　聂崇岐《宋役法述》，第 197—201 页。

下，处理税收、仓储、运输、官衙维护、办公用品供应及大量杂
101 务。事实上，根据服役人员各自的职责，有许多具体名称，略举
如下：帖吏、书裱使、客使、通应官、廷子、斗子、解子、库子、
掐子、承符、人力和手力、散从。一个大的地方官府可能有超过
一千名此类人员。宋朝全国的服役人员，总数肯定超过一百万。
确切地说，离开他们，政府管理根本无法运转。[1]

　　履行乡村之责的第三类服役人员包括里正、户长和乡书手。
这一类人员在协助进行缴税评估之后，其主要职责为收税。此外，
还有承担警卫职责的耆长、弓手（或弓箭手）和壮丁。[2]

　　这些群体中最值得注意的是承担官府之责的人员。按其来源，
他们分成两类轮流服役。主动请求在地方官府服役并将之视作职
业的被称作长名衙前。他们不领俸禄，从官府监管的作坊（坊，
主要是酒坊）、集市（场）和渡口（津或津渡）收入中获取服役的
补偿。另一类则不是自愿服役，而由政府征调。他们被称作来自
乡村的官府差役（里正衙前和乡户衙前）或被征调的官府差役。[3]

1　聂崇岐《宋役法述》，第 195—197 页；河上光一《宋代の里正・户長・耆
長——宋初村落に関する試論》，第 61—72 页。

2　聂崇岐《宋役法述》，第 195—197 页。

3　曾我部静雄《宋代财政史》，第 108—116 页。

　　这两类官府差役的处境大为不同。经验丰富的职业差役紧靠　102
在胥吏身边，有相似的机会挣取或非法获得丰厚的收入。相反地，
被征调的差役则叫苦连天。他们不知如何在官府中行事，也不知
如何提供所需的服务。他们不懂得贿赂胥吏以帮助自己并分配到
比较轻松的任务，或者如何避免被职业差役欺骗。事实上，他们
总是被加以更沉重的负担，还被迫为贪得无厌的官僚提供社会事
务、私人宴请和个人奢华方面的供应。[1]

　　这类人遭受的无休止的痛苦，带来了许多弊端。许多人会故
意使自己变穷，或假扮成穷人，希望借此逃避服役。他们采用的
逃役办法包括虚报财产，不进行人口登记，表面上甚至实际上将
家族分为几个独立的家庭。其他手段更为悲惨，如杀婴、自杀，
或把寡母、寡祖母嫁出去。有些干脆逃亡，到大城市中以贸易、
手工业为生，或为僧为盗。[2]

　　这种情况不会长期被政府忽视。庆历三年（1043），范仲淹建
议削减州县数量以整合地方政府，进而减少职役的征发量。这一
措施从全国超过一百万的服役人员中清除了 23 622 人。类似的努

1　曾我部静雄《宋代财政史》，第 126—128 页；宫崎市定《胥吏の陪備を中心
として》，第 20 页。

2　曾我部静雄《宋代财政史》，第 141 页。

力时有尝试，但总体改进有限。[1] 皇祐三年（1051），韩琦推行了一项名为"五等法"的小规模改革。职役根据包含的负担分为五个等级，有义务被征发的人员也根据他们的财富被归入对应的五个等级。这一小小的改革并未减轻多少痛苦。正如司马光所指出的，富室仍然由于被征发服役而破家，其结果是鲜少有人想要致富。但是，司马光本人并未能提供有建设性的解决方案。[2]

关于募役法的争论

王安石推行了一场关于役法的根本性的改革。从相对富裕的家庭轮流分配征发服役的制度（差役法）被王安石的募役法所取代。熙宁二年（1069），首先在都城开封开始试行。民众被允许表达意见，试行的结果被断定为是令人满意的。与此同时，单开封

1　曾我部静雄《宋代财政史》，第 120—121 页；聂崇岐《宋役法述》，第 214—216 页。范仲淹的例子以后，整合地方政府的类似努力，通常记载于《续长编》的每一年底。

2　聂崇岐《宋役法述》，第 213—214 页；曾我部静雄《宋代财政史》，第 147—148 页；威廉森《王安石》第 1 卷，第 219—222 页。

本府的役员即被裁减 835 人。[1]熙宁四年（1071）十月，在开封试行的办法经适当修订后成为国家法律。其要点如下：[2]

1. 所有人户，包括那些从前无义务被征服役者，都要以货币形式缴纳服役豁免税（免役钱）。

2. 免役钱分级管理，乡户根据每五年的财富核查分为十五等，从前免于服役的坊郭户（城市人户）根据每三年的财富核查分为十等。

3. 从前免于服役的官户、单丁、未成丁、女户及寺观，需缴纳相应等级一半的税额。

4. 税中包含一成的附加税，即"宽剩钱"。其本意是为了应付紧急情况下可能出现的欠税和赤字，但后来实际上用于国家财政的其他目的，比如给吏支付俸禄。

5. 免役钱，包括宽剩钱在内，每年支付两次，与土地税同时缴纳。

6. 收到免役钱后，地方政府以固定比例雇用役员。三种役员

104

---

1 聂崇岐《宋役法述》，第 223—224 页；曾我部静雄《宋代财政史》，第 147—148 页；威廉森《王安石》第 1 卷，第 222—225 页。译者按：作者原文为 830，据《宋役法述》，当为 835 人，且此仅指乡户衙前而言。

2 聂崇岐《宋役法述》，第 224—225 页；曾我部静雄《宋代财政史》，第 150—161 页；《皇宋通鉴长编纪事本末》卷 70，第 1—15 页。

尤为重要：衙前，必须交纳保证金；弓手，必须通过射箭测试；典吏，必须通过书写和计算测试。其任期为两到三年。

7. 经过一定的削减后，官府原有的长名衙前被保留，但以领受俸禄为前提。地方政府本身代替之前的役人从坊、场、渡等处征取收入，并用来为役员支付报酬。

8. 特别需要注意的是，乡村职责既未折算成税钱，也不基于雇用。耆长从第一等到第三等人户中选取，为期一年。壮丁类似地于第四、五等二丁以上人户中轮替。户长每年两次从第四等有人丁物力者中选取，每个税期轮替一次。随后在熙宁七年（1074）改革中，废除了户长，改为催税甲头；因为当时保甲制已将相邻户组织成甲，每甲包含二三十家。[1]简言之，乡村职责仍然是差役。

9. 起初免役钱征收严格。不久，有些地区借口情况特殊，由中央政府同意，延迟收取或在一定时期内取消征税。[2]

募役法遭到了无数官员的坚决反对和强烈指责。这其中有著名的保守主义者和温和派领袖，如司马光、张方平（1007—1091）、韩琦、苏轼苏辙兄弟、杨绘（1027—1088）和刘挚。他们

---

1 《续长编》卷 257，第 8 页；卷 263，第 17 页。

2 《文献通考》卷 12，第 132—133 页；《续长编》卷 245，第 16—17 页；卷 277，第 12 页。

的各种争论概述如下。

首先，反变法派在原则上反对募役法，理由如下。[1]

1. 它强加给所有人额外的税务负担，因此开了个坏头。（苏轼、苏辙、刘挚）

2. 免役钱外的宽剩钱最不合理。它是以弥补可能的拖欠和亏空为借口收取的，但被用作许多其他目的。不断扩大的国家财政除了欺骗和压榨百姓毫无意义。（韩琦、苏辙）

3. 免役钱的数额由中央政府根据统一规划确定，分配给每个地方政府一定数量，而几乎没有考虑到地区差异和当地的实际情况。（杨绘、刘挚）

4. 用钱支付造成货币短缺，即"钱荒"。为了缴税，所有农民不得不在同一时段内售卖产品以获得现钱，因此造成对他们不利的物价下跌。不只是农民，人们长期习惯于自给自足的家庭经济，不懂市场运作或货币经济的方式，许多家庭因此而破产。（司马光、杨绘、刘挚、张方平）

5. 反变法的领袖相信，从前差役从相对富裕的家庭中征发，更

1　聂崇岐《宋役法述》，第 226—237 页；曾我部静雄《宋代财政史》，第 162—169 页。杨绘和刘挚更多的公开反对，见《续长编》卷 223，第 5—6、12—14 页；卷 224，第 3—5、7—9 和 15—17 页。

值得信赖，而雇来的人则不太可靠。后者希望被雇用，是因为他们没有稳定的职业。既然他们在社会中得不到尊重，其服役不可能有好的表现或效果。需要有足够高的报酬以吸引他们申请服役，然而他们还是经常背约逃亡。（司马光、苏辙、张方平、刘挚、杨绘）

除了这些一般考虑，反变法领袖对免役钱还有具体的批评，如关于其管理和分等：

1. 确定纳税额等级的调查是不可靠的。（刘挚）

2. 官员急于取悦中央政府，有意展示他们自诩的行政管理能力，就会将许多人户置于他们所不属于的高等，因此征收远超出必要的税收。（司马光、刘挚、张方平、韩琦）

3. 税等过于僵化。如果遇到饥荒或其他困难，它没有提供蠲免或任何其他可能采取的措施。（刘挚、张方平、韩琦）

4. 税负是不明智和不公正的。它不一定会减轻上等户的负担，因为从前他们只是轮替服役。另一方面，重负也落在了从前无此负担的穷人身上。（所有的反变法领袖）

107　　5. 那些过去免于服役负担的人仍然应该得到豁免。单丁户、不成丁户、女户令人同情，寺观也应予以考虑。政府要意识到，很多场合及有不时之需时，它要依靠城镇居民的大量贡奉，尤其是大小商人。因此免除他们的服役征用是合理的，而强迫他们缴

纳免役钱是不合理的。同样的，官户也应享有免税特权。（所有的反变法领袖）

面对这些抱怨，王安石让主要负责起草募役法方案的曾布做出尖锐的反驳。曾布没有试图在所涉及的原则层面为新制度辩护。在这里，观点的差异是根本性的；既然皇帝已经批准了这些原则，再为此争辩实无必要。曾布只限于对免役钱的分等和管理这些具体的批评，逐点进行了反驳：[1]

1. 确定缴税义务等第的调查跟之前的土地税调查一样可靠，甚至会更可靠。

2. 没有事例报告说官员有意征收比政府计划的更大数量的税额。如果有类似情况发生，乃是误解或滥用制度的官员之失，而非制度本身。后来下达了一道旨令，会罢免任何犯有此项错误的官员。[2]

3. 虽然税则没有提供在艰难之时的蠲免或其他紧急措施，但必须指出，政府始终都需要这些服务。而且，从前的差役制没有任何灵活性。

1　《续长编》卷 215，第 7 页；卷 225，第 2—17 页。

2　《续长编》卷 234，第 4 页。

108 　　4. 尽管上等人户的预定税额规模颇大，但每一户在任何一年都只支付政府所需的全部劳役中的很小一部分。这种负担不会像在差役制下那样几乎是灾难性的——当轮值之时，一个家庭不得不提供整年的全部劳役，很容易因此而破产。[1]

　　5. 既然是为地方政府服役，那么该地所有人户共同承担这一负担才是公平的。从前被豁免的人户，不应再继续享此特权。城镇居民的抱怨能够得到倾听，因此他们对于所承受的痛苦夸大其词。[2]

　　募役法在反变法派的反对下普遍推行。其结果就相关的国家财政而言，证明是令人印象深刻的。[3] 然而，反对与抱怨持续不绝。反变法时期开始，争议重启。一些变法派如章惇，承认这一制度有许多不足，应该改进而非全部废除。一些温和的保守主义者如范纯仁和吕公著，以及西南温和派群体特别是苏氏兄弟和吕陶，同意此制度应该废除，但要逐步、谨慎地。但坚定的保守主义者如刘挚和王岩叟坚持要将其立即无条件废止。反变法的领袖司马光总体认同此派，导致了突然的变化：既没有全面废除募役法，也没有完全恢复从前的差役法。主要变动是：地方政府首先雇用役

1 《续长编》卷237，第19页。

2 《续长编》卷223，第16—17页。

3 《续长编》卷279，第18页；曾我部静雄《宋代财政史》，第153—161页。

人；当需要更多帮助时，从上等人户中征发服役；允许轮流服役的　109
这些人户雇人提供分派给他们的役务，然而他们自身仍旧要对此
负责。[1]

　　这一经调整的征发服役制度让许多人都不满意。此外，缺少
了募役法的税收，国家财政遭遇了日益严重的赤字。后变法时期
募役法又突然恢复，其税务负担较诸变法时期的原初状况更严重
得多。[2] 非常重要的是，尽管后变法时期的弊政臭名昭著，又有保
守主义学者的反对，但在整个南宋时期，地方政府服役主要靠募
役制提供。简言之，王安石的这一特别改革，成为后来中华帝国
的一个既定制度。

从募役法看新政的重要特点

　　对历史学家们来说，党派攻击和反击以及反复的剧变，遮蔽

1　曾我部静雄《宋代财政史》，第 186—191 页；聂崇岐《宋役法述》，第 240—
247 页；《皇宋通鉴长编纪事本末》卷 108，第 1—23 页。

2　曾我部静雄《宋代财政史》，第 191—244 页；聂崇岐《宋役法述》，第 255—
268 页。

了募役法的重要特点。既然募役法居于新政的中心，其显著特点必然反映了作为一个整体的新政的突出特点。

募役法的第一个重要特点是改由钱币缴税。这表明新政之下的国家财政偏向一种货币经济。在货币经济更发达的南方地区，募役法运转良好；但在北方则造成了相当大的困难。大致说来，新政在南方获得了相对更多的支持，而在北方则遭遇到了顽强的反对。[1]

第二，募役法是有效的国家财政体系中不可或缺的部分，应将其与其他相关措施一起进行评估。创立这一制度的一个迫切的原因，在于西夏边境附近的军事行动引起的开支。[2] 其他目的也需要资金，如为地方政府的吏支付俸禄。[3] 然而，这并不意味着新政的目的只是增加财政收入而不削减开支。事实上，减少州县数量、地方贡奉数量及运输的努力从未间断，其目的尤其在于减少地方政府服役的数量，并从总体上影响政府经济。[4]

110

1　曾我部静雄《宋代财政史》，第 181—182 页。

2　《续长编》卷 220，第 15 页及卷 223—225 多处。

3　《续长编》卷 223，第 11 页；卷 242，第 1 页。

4　《续长编》卷 217，第 11—13 页；卷 246，第 9 页。曾我部静雄《宋代财政史》，第 186—191 页。

这一有效国家财政体系的一个重要特点是对货币的管理。[1]更多的钱币被铸造出来，以满足募役法要求用钱缴税和新政之下国家财政普遍扩张所引起的对钱的需求。但这并没有引发通货膨胀。事实上，变法时期通货紧缩，物价较低。[2]没有证据表明通货紧缩是计划性的结果。种种情况导致如此。

一方面，由于解除了对私人处理铜的禁令，一定数量的货币流入他国，如辽国、高丽和日本。出于制造的目的，一些钱币被重新转化为铜。与此同时，重税又将大量的货币收回国库。总的来说，实际流通之中的货币数量大概并没有明显的增加。

另一方面，多年丰收使得商品供应充足，普遍的繁荣占了上风。新政的许多措施也有助于稳定物价。在这种情况下，低廉的价格不仅在整体上惠及消费者，很大程度上也使国家本身受益。尽管国家获得了许多实物收入，但为了满足所有需求，仍然不得不购买更多。因此，国家是市场上最大的购买方或者消费者。国家拥有来自钱币税收的大量货币，当就低价而言货币的价值很高时，就必然通过这种有效的财政体系而具备令人羡慕的购买力。

111

1　杨联陞《中国货币与信贷简史》，第 37—38、44—45 页。

2　全汉昇《北宋物价的变动》，第 389—391 页。

　　募役法的第三个特点是其沉重的税务负担。被征服役的上等人户一年里即可致贫，差役法的突出缺陷显而易见。但是，支撑募役法的税收所造成的痛苦，虽然不那么明显，却无疑更加广泛而深远。[1]北方和其他一些地区越来越多的盗贼，尽管主要是由于饥荒，但某种程度上可溯源于重税。[2]不管其有效的国家财政有什么优点，重税才是新政方案的特性。

　　第四，募役法强化了阶层的不平等。尽管变法派与反变法派之间存在着激烈的分歧，实际上两派都帮助减轻了上等户的负担。募役法将负担扩散至穷人；反变法派的政策便于上等户比之前花费更少去雇人替他们为政府服役。而且，在募役法下富人贷款给缺钱以支付税款的人，在货币紧缺和通货紧缩时期他们必然从中获利。另一方面，在反变法时期，官户再次享有免役权。在后变法时期，官户恢复以纳税代替服役，但其中许多家庭会逃税，因为腐败的行政部门无法严格执行。到南宋时，官户的免税和逃税变得愈加严重。[3]对于阶层不平等的指控，不止见于募役法——自

112

其实施开始直到南宋——也普遍适用于所有新政方案。原则上，王安石将国家利益置于任何特定阶层之上。在所有阶层之中，他倾向于帮助在人口中占多数的相对贫穷的人，而非富人。但是对权势富贵之家来说，总有大量空间去操纵新政的方案以谋求自身的利益。[1] 王安石的政策某种程度上有利于一般消费者和小商人，并花大力气抑制了垄断商人的利益。但不论新政在实现这些目标方面取得了多少进展，它都被加之于多数民众的重税大幅抵消了。

最后，募役法助长了地方政府吏役次官僚制的扩张。大量被雇的役人现在加入了吏的队伍，他们实际上成为吏役次官僚制的一部分。无论对役人还是吏，几乎都没有有效的监督，尤其是在他们与上等户和官户的腐败勾结方面。这又是新政方案的一个典型。随着政府扩大其运作范围，它需要更多的吏和役人来执行这些运作，很难避免赋予这些人更大的责任，也很难避免给予他们比以前更多的滥用权力的机会。

募役法的这五个特点，构成了对整个新政提出批评的基础。然而，反对新政的保守主义者上台后更加束手无策。他们反对募役法，因为他们认为是重税导致了盗贼的兴起，并由此威胁到了

113

1　聂崇岐《宋役法述》，第 251—270 页。

大地主的财产。他们废除了这一制度，部分因为它基于他们所厌恶的货币经济。他们重新恢复了改革前的制度，是因为事实上他们想不出更合乎需要的政策。他们对国家财政的理解有限，主要侧重于削减政府开支，但他们甚至无法筹集到足够的资金，来满足开支削减后的需要。在这种情况下，就像在许多其他情况下一样，保守主义者在治国方面的无能及其传统儒家思想方面的不足，都非常明显。对比之下，尽管新政未能实现预期目标——并不是出于保守主义者给出的理由——但它试图切实解决日益严峻的税负和货币经济扩张中的国家财政问题，仍然十分值得尊敬。

结　论

　　本书的重新评价展现了王安石作为官僚理想主义者的一面，他支持这样一种理想，即以一个在专业性上训练有素、在行政上控制良好的官僚体系作为实现儒家的道德社会的主要手段。同时本书也将他描述为一位制度的改革者，他不仅尝试改变，同时也意图建立新的政府体制，以指导和形塑官僚与民众的行为。王安石政策的重点不在于法律的颁布与执行，他也并不将"富国强兵"作为头等大事。他的最终目的在于改善社会风俗，期盼实现一种完美的社会秩序（"至治之世"）。正因为此，王安石和与他同一时代的支持者，以及后世的赞赏者，都否认他是一个法家。但是，多数保守主义儒家学者坚信，重点应该放在个体的官员身上，而非官僚体制。对他们来说，王安石所谓的法度——或者用我们的话来说，政府体制和政府主导的体制——与法律的性质是相同的。

因此，他们将王安石视作法家，或者至少是误入歧途走上了与法家相同的方向的儒家。平心而论，就王安石观点的理论根据以及他要建立道德社会的终极目标来看，本质上我们还是应该将王安石看作一个儒家学者。当然，他是一个激进的儒家，但"激进"只是相对于许多保守主义儒家学者而言的。

既然他的理想主义基本上是官僚主义的，王安石总是把他所诠释的国家利益置于其他一切之上。就其对社会不同阶层的影响而言，他对自己的目标没有形成一个清晰的定义。他以为自己是在帮助大多数人，但是新政带来的国家财政的改善或许远超过它们给人民带来的利益。不仅官僚家庭和大地主对引起他们反感的一些新政特征表示不满，许多中等地主和其他较不富裕的人基于他们的理由也各有抱怨。简言之，王安石的政策未能清晰而坚定地奠基于一个明确的社会基础之上。

按照王安石的看法，官僚体制至关重要。然而，正是在这一点上他失败了，因为他没有从官僚群体获得足够强大的支持。他甚至未能成功地从他赖以实施新政的干才型官僚那里激发出持续的忠诚。当这些官僚的一部分沦为弄权型官僚时，新政所已实现的成就也丧失了。此外，王安石长于对政治事务作理论思考，而短于政治实践。他把更多精力放在行政管理上，而非把他的反对者争取过来，比如对于不像北方保守主义者那么激烈反对他的西南温和派。因此，尽管他强调官僚体制的重要，他却没有真正得到整体的官僚的支持。

官僚体制通过政府运作履行其职责，在此，王安石的计划遭 116 遇了额外的困难：不断增长的专制主义，中央集权增强伴随着弄权的危险，不管在政治还是行政上都不可取的更强的同一性，无法按预期执行政策、逐渐膨胀而又积弊难改的吏役次官僚制。从变法，到反变法，再到后变法时期，这些困难稳步增长，达到了王安石所从未预料到的程度。

中国是一个官僚制国家。在强调功利主义治国才能、官僚体制、政府体制及政府主导的体制方面，王安石即使不够伟大，也确实杰出。既然他的方式未能成功，唯一的替代方案看起来就是传统的儒学，或者从南宋以来被尊为正统的儒学。然则后一种方案强调道德品质和对官僚阶层的道德影响，忽视功利主义政策和对国家机器的操纵性态度。

人们不禁会问，这样一种道德主义的方法是否足够现实。它是否掩盖了一个官僚制国家的生活真相，从而抑制了后来的中国人思考政治体制问题？

参考文献

Aoyama Sadao（青山定雄）:《五代·宋における江西の新興官僚》,《和田博士還曆記念：東洋史論叢》, 東京：大日本雄辯會講談社, 1951年, 第19—37页。

Araki Toshikazu（荒木敏一）:《宋代の銅禁：特に王安石の銅禁撤廢の事情に就いて》,《東洋史研究》4：1—29（京都, 1938年）。

——《宋代の方田均税法》,《東洋史研究》6：331—351（京都, 1941年）。

——《北宋時代に於ける殿試の試題と其の変遷》,《東洋史論叢：羽田博士頌壽記念》, 東京：東洋史研究會, 1950年, 第37—48页。

Ch'ao kung-wu（晁公武）:《郡斋读书志》,《四部丛刊》本, 上海：商务印书馆, 1929年。

Ch'ai Te-keng（柴德赓）:《宋宦官参预军事考》,《辅仁学志》10：181—225（北京, 1941年）。

Chang Chia-chü（张家驹）:《宋室南渡前夕的中国南方社会》,《食货》4：28—41（北京, 1936年）。

Chao I（赵翼）:《廿二史札记》, 上海：世界书局, 1936年。

Chao T'ieh-han（赵铁寒）:《宋代的太学》,《大陆杂志》7：115—118, 150—155, 184—189（台北, 1953年）。

——《宋代的州学》,《大陆杂志》7：305—309, 341—343（台北, 1953年）。

Ch'en Chen-sun（陈振孙）:《直斋书录解题》，上海：江苏书局，光绪九年（1883）。

Ch'en Chung-fan（陈钟凡）:《两宋思想述评》，上海：商务印书馆，1933 年。

Ch'en k'u（陈鹄）:《西塘耆旧续闻》，《知不足斋丛书》，上海：古书流通处，1921 年。

Chiang Hao（姜豪）:《王安石新政纲要暨其政论文选》，上海：国民图书互助会，1935 年。

Ch'ien Mu（钱穆）:《宋明理学概述》，台北：中华文化出版事业委员会，1953 年。

Ch'ien Ta-hsin（钱大昕）:《潜研堂集》，《四部丛刊》本，上海：商务印书馆，1929 年。

Chou Ming-t'ai（周明泰）:《三曾年谱》，北京，1932 年。

Chu Hsi（朱熹）:《朱子语类》，传经堂，光绪二年（1876）。

——《名臣言行录》，《四部丛刊》本，上海：商务印书馆，1929 年。

Chü Ch'ing-yüan（鞠清远）:《南宋官吏与工商业》，《食货》2：367—375（北京，1935 年）。

Ch'ü T'ung-tsu（瞿同祖）:《中国法律与中国社会》，上海：商务印书馆，1947 年。

Ch'ü Han-sheng（全汉昇）:《宋代官吏之私营商业》，《中央研究院史语所集刊》7：199—254（南京，1936 年）。

——《北宋汴梁的输出入贸易》，《中央研究院史语所集刊》8.2：189—306（重庆，1939 年）。

——《北宋物价的变动》，《中央研究院史语所集刊》11：337—394（南京，1947 年）。

——《中古自然经济》，《中央研究院史语所集刊》10：73—173（南京，1948 年）。

——《唐宋政府岁入与货币经济的关系》，《中央研究院史语所集刊》20：189—224（南京，1948 年）。

de Bary, Wm. Theodore（狄百瑞）, "A Reappraisal of Neo-Confucianism"（《新

儒学再评价》)，*Studies in Chinese Thought*（《中国思想研究》），ed.
Arthur F. Wright（芮沃寿），Chicago：University of Chicago Press, 1953.

Ferguson, John C.（福开森），"Wang An-shih"（《王安石》），*Journal of North China Branch of the Royal Asiatic Society*（《皇家亚洲学会华北分会学报》）35：65—75（Shanghai, 1903—1904）.

Fischer, J.（费舍尔），"Fan Chung-yen（989—1052）. Das Lebensbild eines Chinesischen Staats-mannes"（《范仲淹（989—1052）：一位中国政治家的传记》），*Oriens Extremus*（《远东》）2：39—85, 142—156（Hamburg, 1955）.

Higashi Kazuo（東一夫）：《方田均税法の実施地域に関する考察》，《東洋史学論叢》2：189—204（東京，1953 年）。

——《方田均税法の性格に関すの考察》，《東洋史学論叢》3：227—290（東京，1954 年）。

Hino, K.（日野開三郎）：《北宋時代における貨幣経済の変遷と国家財政と関係に就いて》，《史学雑誌》46：46—105（東京，1935 年）。

Ho Yu-shen（何佑森）：《两宋学风之地理分布》，《新亚学报》1：331—339（香港，1955 年）。

Hsia Chün-yü（夏君虞）：《宋学概要》，上海：商务印书馆，1937 年。

Hsiao Kung-ch'üan（萧公权）：《中国政治思想史》第二编，上海：商务印书馆，1946 年。

Hsiung Kung-che（熊公哲）：《王安石政略》，上海：商务印书馆，1937 年。

HTK（《续文献通考》），万有文库本，上海：商务印书馆，1936 年。

Hu Yun-i（胡云翼）：《宋诗研究》，上海：商务印书馆，1930 年。

Huang Tsung-hsi（黄宗羲）：《宋元学案》，上海：世界书局，1936 年。

Hung，William（洪业）、Nieh Ch'ung-ch'i（聂崇岐）编：《四十七种宋代传记综合引得》，北京：哈佛燕京学社，1939 年。

Ikeda Mabota（池田誠）：《保甲法の成立とその展開——王安石の政治改革の問題》，《東洋史研究》12：481—512（京都，1954 年）。

Imahori Senji（今堀誠二）：《宋代常平倉研究》，《史学雑誌》56：959—1028,1055—1111（東京，1946 年）。

Katō Shigeru（加藤繁）:《宋代商税考》,《史林》19：604—652（京都，1934 年）。

——《南宋時代に於ける銀の流通並に銀と会子との関係について》,《東洋学報》29：560—614（东京，1944 年）。

Kawakami Koichi（河上光一）:《宋初の里正·户長·耆長——宋初村落に関する試論》,《東洋学報》34：61—76（東京，1952 年）。

K'e Ch'ang-i（柯昌颐）:《王安石评传》, 上海：商务印书馆, 1933 年。

K'e Tun-po（柯敦伯）:《宋文学史》, 上海：商务印书馆, 1934 年。

K'e Wei-chi（柯维骐）:《宋史新编》, 嘉靖三十六年（1557）刻本。

Kracke, E.A., Jr.（柯睿格）, *Civil Service in Early Sung China 960—1067*（《宋初文官政治》）, Cambridge, Mass.: Harvard University Press, 1953.

—— "Sung Society: Change within Tradition"（《宋代社会：传统中的变革》）, *Far Eastern Quarterly*, 14：479—488（1955）.

——*Civil Service Titles*（《文官名衔》）, Paris: Sung Project, École Pratique des Hautes Études, 1957.

Kuo Shao-yü（郭绍虞）:《宋诗话辑佚》, 北京：哈佛燕京学社, 1937 年。

Li Hsin-ch'uan（李心传）:《建炎以来系年要录》, 上海：中华书局, 重印商务印书馆本, 1956 年。

Li T'ao（李焘）:《续资治通鉴长编》, 杭州：浙江书局, 光绪七年（1881）。

Li Wen-chih（李文治）:《北宋民变之经济的动力》,《食货》4：464—484（北京, 1936 年）。

Liang Ch'i-ch'ao（梁启超）:《王荆公传》,《饮冰室丛著》, 上海：商务印书馆, 1917 年。

Lin Yutang（林语堂）, *The Gay Genius, the Life and Times of Su Tungpo*（《苏东坡传》）, New York: John Day Co., 1947.

Liu, James T. C.（刘子健）, "An Early Sung Reformer: Fan Chung-yen"（《宋初改革家：范仲淹》）, *Chinese Thought and Institutions*（《中国的思想与制度》）, ed. John K. Fairbank（费正清）, Chicago: University of Chicago Press, 1957.

—— "Mei Yao-ch'en"（《梅尧臣》）, occasional paper of the Sung Project, SP/11.1/12 . 12. 56：1—9（Paris, 1956）.

—— "Fan Chung-yen, Mei Yao-chen, and the Political Struggle of the Northern Sung"（《范仲淹、梅尧臣与北宋政争中的士风》）,《东方学》14：104—107（东京，1957年）。

Lu Hsin-yüan（陆心源）:《元祐党人传》，光绪十五年（1889）刻本。

——《宋史翼》，归安《潜园总集》本，光绪三十二年（1906）。

Ma Tuan-lin（马端临）:《文献通考》，万有文库本，上海：商务印书馆，1936年。

Miyazaki Ichisada（宫崎市定）:《宋代の太学生生活》,《史林》16：97—105，625—651（京都，1931年）。

——《王安石の吏士合一策——倉法を中心にして》,《桑原博士還暦記念：東洋史論叢》，京都：弘文堂，1931年。

——《羨不足論——中国に於ける奢侈の変遷》,《史学雑誌》51：27—56（東京，1940年）。

——《南宋末の宰相賈似道》,《東洋史研究》6：218—237（京都，1941年）。

——《五代宋初の通貨問題》，京都：星野書店，1943年。

——《胥吏の陪備を中心として》,《史林》30：1—27（京都，1945年）。

——《科挙》，大阪：秋田屋，1946年。

——《宋代の士風》,《史学雑誌》62：139—169（東京，1953年）。

——《宋代州県制度の由來とその特色》,《史林》36：101—127（京都，1953年）。

Morohashi Tetsuji（諸橋轍次）:《儒学史上における李泰伯の特殊地位》,《斯文》8：445—467（東京，1926年）。

——《儒学の目的と宋儒》，東京：大修館，1930年。

——《儒教の諸問題》，東京：清水書店，1948年。

Mou Jun-sun（牟润孙）:《两宋〈春秋〉学之主流》,《大陆》5：113—117，170—172（台北，1952年）。

Nagase Mamoru（長瀨守）:《北宋熙寧間における新法党の農田政策》,《東洋史学論集》3: 239—252（東京，1954 年）。

Naitō Torajirō（内藤虎次郎，即内藤湖南）:《中國近世史》, 東京: 弘文堂，1947 年。

Nakamura, G.（中村治兵衛）:《王安石の登場——宋朝政権の性格》,《歴史学研究》157: 1—12（東京，1952 年）。

Nieh Ch'ung-ch'i（聶崇岐）:《宋役法述》,《燕京学报》33: 195—270（北京，1947 年）。

——《论宋太祖收兵权》,《燕京学报》34: 85—106（北京，1948 年）。

Nishi Junzō（西順藏）:《三人の北宋士大夫の思想》,《一橋論叢》26: 30—52（東京，1951 年）。

Ogasawara Shōji（小笠原正治）:《宋代弓箭手の研究》,《東洋史学論叢》3: 81—94（東京，1954 年）。

Okazaki Fuk(m)io（岡崎文夫）:《王安石内政総考》,《支那学》9: 173—188（京都，1938 年）。

Ou-yang Hsüan（欧阳玄）:《圭斋文集》,《四部丛刊》本，上海: 商务印书馆，1929 年。

P'an Yung-yin（潘永因）:《宋稗类钞》, 康熙八年（1669）刻本。

Saeki Tomi（佐伯富）:《宋代の皇城司について》,《東方学報》9: 158—196（京都，1938 年）。

——《王安石》, 東京: 富士房，1941 年。

——《宋代に於ける重决地分に就いて》,《東洋史論叢: 羽田博士頌壽記念》, 東京: 東洋史研究會，1950 年, 第 505—530 頁。

Shikimori Tomiji（式守富司）:《王安石の市易法》,《歴史学研究》6: 2—30（東京，1936 年）。

SHY（《宋会要辑稿》）, 徐松辑自《永乐大典》, 北京: 北京图书馆，1936 年。

Sogabe Shizuo（曾我部静雄）:《宋代財政史》, 東京: 生活社，1941 年。

——《支那政治習俗論考》, 東京: 筑波書房，1943 年。

Sudō Yoshiyuki（周藤吉之）:《宋代官僚系と大土地所有》,《社會構成史体系》第 8 卷，東京：日本評論所，1950 年。

——《中國土地制度史研究》，東京：東洋文庫研究社，1954 年。

Sung Lien（宋濂）：《元史》，上海：开明书店，1934 年。

Suzuki, C.（鈴木中正）：《宋代佛教結社の研究》，《史学雜誌》52：65—98（東京，1941 年）。

Takeuchi Yoshio（武内義雄）：《宋学の由來及び其特殊性》，《東洋思潮》11：1—50（東京，1934 年）。

T'ao Hsi-sheng（陶希圣）：《王安石以前田赋不均及田赋改革》，《食货》1：20—22（北京，1934 年）。

——《北宋初期的经济财政诸问题》，《食货》2：83—90（北京，1935 年）。

——《宋代的职田》，《食货》2：195—197（北京，1935 年）。

——《北宋几个大思想家的井田论》，《食货》2：281—284（北京，1935 年）。

Teng Kuang-ming（邓广铭）：《宋史职官志考正》，《中央研究院史语所集刊》10：433—593（南京，1948 年）。

——《王安石》，北京：生活·读书·新知三联书店，1953 年。

Ting Ch'uan-ching（丁传靖）：《宋人轶事汇编》，上海：商务印书馆，1935 年。

T'o-t'o（脱脱）：《宋史》，上海：开明书店，1934 年。

Tseng Pu（曾布）：《曾公遗录》，《藕香零拾》丛书卷 22—24，宣统二年（1910）刻本。

Toyama Gunji（外山軍治）：《靖康の變におケル新舊两法黨の勢力闘係》，《東洋史論叢：羽田博士頌壽記念》，東京：東洋研究會，1950 年，第 663—668 頁。

Ts'ai Shang-hsiang（蔡上翔）：《王荆公年谱考略》，北京：哈佛燕京学社，1930 年。

Tu Ta-kuei（杜大珪）：《琬琰集删存》，北京：哈佛燕京学社，1938 年。

Wang An-shih（王安石）：《周官新义》，《粤雅堂丛书》，道光三十年（1850）。

——《临川集拾遗》，上海：聚珍仿宋书局，1918 年。

——《临川文集》，万有文库本，上海：商务印书馆，1933 年。

Wang Chih-jui（王志瑞）：《宋元经济史》，上海：商务印书馆，1931 年。

Wang Hsin-jui（王兴瑞）：《王安石的政治改革与水利政策》，《食货》2：91—95（北京，1935 年）。

Wang Yü-chüan（王毓铨）：《北宋社会、经济与政治》，《食货》3：535—546,577—598（北京，1936）。

Williamson, H. R.（威廉森），*Wang An-shih, Chinese Statesman and Educationalist of the Sung Dynasty*（《王安石：中国宋代的政治家和教育家》），2 vols., London: A. Probsthain, 1935—1937.

Wright, Arthur F.（芮沃寿），"Buddhism and Chinese Culture: Phases of Interaction"（《佛教与中国文化：互相影响阶段》），*The Journal of Asian Studies*, 17：17—42（1957）.

Yang Chung-liang（杨仲良）：《皇宋通鉴长编纪事本末》，广州：广雅书局，光绪十九年（1893）。

Yang Hsi-min（杨希闵）：《王荆公年谱考略附存》，蔡上翔《王荆公年谱考略》末。

Yang Lien-sheng（杨联陞），*Money and Credit in China*（《中国货币与信贷简史》），Cambridge, Mass.: Harvard University Press, 1951.

Yoshida Tora（吉田寅）：《北宋の河北権塩について》，《東洋史学論叢》3：409—422（東京，1954 年）。

Yüan Chüan（袁桷）：《清容居士集》，《四部备要》本，上海：中华书局，1936 年。

索　引

（所示页码为本书页边码）

Absolutism；皇城司 Palace Guard Commission

皇城司 Palace Guard Commission（Huang-ch'eng-ssu），89—90，93—94。又见专制 Absolutism；宦官 Eunuchs

皇帝 Emperors，见哲宗 Che-tsung；真宗 Chen-tsung；徽宗 Hui-tsung；仁宗 Jen-tsung；神宗 Shen-tsung；英宗 Ying-tsung

皇后与太后 Empress and Empress Dowager，见昭慈 Chao-tz'u；宣仁 Hsüan-jen

货币 Currency，6，39，110—111。又见通货膨胀和通货紧缩 Inflation and deflation；货币经济 Money economy

货币经济 Money economy，21，39—40，109。又见货币 Currency；通货膨胀和通货紧缩 Inflation and deflation

交流 Communication：在政治上 in politics，20

军事事务 Military affairs，4，5，57—58。又见神宗 Shen-tsung：与王安石不同 differed with Wang An-shih，14，59，81，82

均输法 Tribute Transport and Distribution System，4—5，51

君子 Ch'ün-tzu，29—30，53，70，72

柯昌颐 K'e Ch'ang-i，13，66，70

柯睿格 Kracke, E. A., Jr.，18

科举制度 Examination system：重点变化 change of emphasis，6—7；作为结果的同一性 resultant conformity，88—89

李焘 Li T'ao，12

李定 Li Ting，66—67

李觏 Li Kou，26，31，34—35

力役 Corvée。见役法 Local government service

吏 Clerks，7，112—113。又见吏役次官僚制 Clerical subbureaucracy

吏役次官僚制 Clerical subbureaucracy，19，80—85。又见吏 Clerks；役法 Local government service

梁启超 Liang Ch'i-ch'ao，13，14—15，66，70

刘挚 Liu Chih，65，105—108

流民图 Portrait of the refugees (Liu-min-t'u)，8，95

吕大防 Lü Ta-fang，9

吕公著 Lü Kung-chu，7，9，65，108

吕惠卿 Lü Hui-ch'ing，8，39，55，63，75—77。又见市易法 State Trade System；王安石 Wang An-shih：他的盟友 his associates

吕陶 Lü T'ao，108

译后记

刘子健先生的这部名著，是在读博士期间看的，当时即大为钦佩，以为是有关王安石变法最好的研究著作——这一看法至今未变。里面有些观点，博士论文曾有引及，于是答辩之后，虞云国老师即建议我翻译出来。当时也没太放在心上，但念头却是埋下了，算是本书的远缘，后来虞老师也曾几次问及，所以要感谢虞老师的鼓励与支持，还要特别感谢他为本书所作精彩的长篇导读。

2018年4月中，有一次在自己的微信公众号开玩笑说，哪家出版机构若有兴趣的话，我可以考虑翻译。哪知一语成"谶"，世纪文景的何晓涛兄马上就来联系了。蒙他不弃，迅即定下合作事宜，使我有机会以译者的身份重新学习这部名著，实在感激不尽。在联系刘子健先生后人的过程中，柳立言先生、王汎森先生皆热心帮助，特此致谢。后续的工作，刘硕、林榛以及袁乐琼诸位女史付出良多，尤其是细心纠正了我翻译中的不当之处，乃至误译、漏译，尤当报以谢意。这本薄薄的小书，因为我自己各种各样的事情，竟至断断续续、前前后后翻译了一年多之久，由于与她们同在一幢楼里工作，日常不免碰到，常感无颜面对，一拖再拖，愧仄之至。成稿之后，又蒙赵冬梅教授提出不少修改建议，谨致谢忱。

译者初事学术翻译，又已远离学术研究，自感译笔枯涩，水平有限。译作不能传达原作之精神，自当由译者负责，请读者见谅；译文若有不妥之处，亦请方家不吝指正。

最后再说一句，本书的一大特色，在于作者对宋代官僚体制及其运作的动态分析。而官僚制的"痼疾"，似乎至今仍为国家治理中需要面对的问题。

张钰翰

2020 年 2 月于新型冠状病毒肺炎肆虐之长假中

2021 年 8 月 25 日改定

文景
Horizon

社 科 新 知　文 艺 新 潮

宋代中国的改革：王安石及其新政

［美］ 刘子健　著　张钰翰　译

出 品 人：姚映然
责任编辑：袁乐琼　但　诚
营销编辑：赵　政
封扉设计：东合社·安宁

出　　品：北京世纪文景文化传播有限责任公司
　　　　　（北京朝阳区东土城路8号林达大厦A座4A 100013）
出版发行：上海人民出版社
印　　刷：山东临沂新华印刷物流集团有限责任公司
制　　版：南京展望文化发展有限公司

开　本：890mm×1240mm　1/32
印　张：7.5　　字　数：127,000　　插页：2
2022年1月第1版　　2023年3月第5次印刷
定　价：59.00元
ISBN：978-7-208-17316-3/K.3134

图书在版编目（CIP）数据

宋代中国的改革：王安石及其新政／（美）刘子健
著；张钰翰译. —上海：上海人民出版社，2021
书名原文：Reform in Sung China : Wang An-shih
(1021-1086) and His New Policies
ISBN 978-7-208-17316-3

Ⅰ.① 宋…　Ⅱ.① 刘…　② 张…　Ⅲ.① 王安石变法-
研究　Ⅳ.① K244.05

中国版本图书馆CIP数据核字（2021）第218700号

本书如有印装错误，请致电本社更换　010-52187586